PERSON

人物画テスト

高橋雅春・高橋依子 著

北大路書房

まえがき

　筆者らは描画テスト、とくにＨＴＰＰテストを心理臨床の場面に用いることに関心を持ち、研究を行ってきている。筆者らが臨床場面で、「家」「木」「人」「反対の性の人」を描画の課題として描かせるＨＴＰＰテストを用いるのは、1つの課題よりも、複数の課題を描かせることによって、対象とする人に関する情報をより多く得られるし、それぞれの課題が表現しやすいパーソナリティの側面が異なるからである。しかし心理査定のための時間が限られていて、ＨＴＰＰテストを行えない時や、とくに知りたいパーソナリティの側面がある場合に、上記の4つの中から特定の課題を描かせることも可能である。

　例えば対象とする人が、自分自身のパーソナリティをどのように眺め、重要な他者や世間一般の人々にどのような考え方を抱いているかなどを知りたい時、人物画はこれらをかなり具体的に表現してくれる。ただ対象となる人によっては、人物を描くことを警戒して自己防衛をする人もいるので、単独に実施するよりもＨＴＰＰテストとして用いることが望ましいこともある。しかし人物画のみからでも多くの情報を得られる場合も多いので、人物画のみを実施することを考慮して著したのが本書である。

　本書は、これまで人物画について多くの研究者が解釈仮説として述べてきたものに、筆者らの資料と臨床経験を統合し、実際に人物画の意味を読み取る（解釈する）ための、手がかりを記述することを目的としている。したがって本書は、人物画に関する筆者ら自身の「料理読本」（解釈の手引き）でもあり、とくに青年期以後の人が描いた人物画を解釈する際の拠り所となるものである。

　人物画テストは当初、知的発達段階を測定するために開発され、その後、パーソナリティを理解するために活用されている。とくに対人関係がとらえやすいことから、近年、発達障害児のパーソナリティの理解への利用が

進んでいる。

　本書では人物画の解釈に必要な全体的評価とともに、形式分析と内容分析としての描画特徴（サイン）が意味するところを主に述べたが、特定のサインがパーソナリティのある特徴と1対1の関係で結びつくわけではなく、中には過度の解釈仮説も含まれている。したがって臨床場面で人物画の解釈を行う時は、他の心理テストと同じように、描かれた人物画の1つのサインだけから目隠し分析（blind analysis）的な読み取りを行うべきではなく、さまざまなサインや他の情報と総合して解釈しなければならない。

　なお本書は文教書院から出版された書物であるが、このたび北大路書房より「新装版」として出版されることになった。本書を読まれる方は、「人物画テスト」の題名も本文の内容も、本文の語句を一部修正した以外は文教書院版とまったく同じであることを了承していただければ幸いである。

　最後に、このような形で版を重ねることをお世話くださった北大路書房の関一明社長と柏原隆宏編集部長のご厚意と援助に心から感謝したい。

2010年3月3日

高橋雅春

高橋依子

目　　次

まえがき

第1章　人物画テストの実施法 …………………………………………8
　1　用　　具 ……………………………………………………………8
　2　教　　示 ……………………………………………………………9
　3　描画中の行動観察 …………………………………………………11
　4　描画後の質問 ………………………………………………………12
　5　集　団　法 …………………………………………………………14

第2章　人物画の解釈 ……………………………………………………16
　1　人物画が表現するもの ……………………………………………16
　　⑴　描画の重複決定性（多義性）と人物画 ………………………16
　　⑵　自己像と他者像 …………………………………………………18
　2　人物画の解釈過程 …………………………………………………23
　　⑴　全体的評価 ………………………………………………………24
　　⑵　形式分析 …………………………………………………………27
　　⑶　内容分析 …………………………………………………………27
　　⑷　描画解釈の基礎理論 ……………………………………………28

第3章　形式分析 …………………………………………………………33
　1　サ　イ　ズ …………………………………………………………33
　2　筆　　圧 ……………………………………………………………34
　3　ラ　イ　ン …………………………………………………………35

- 4 用紙上の位置 ……………………………………………………36
- 5 切断された人物画 ………………………………………………39
- 6 濃淡と影 …………………………………………………………39
- 7 用紙を横にして描いた人物画 …………………………………40
- 8 抹　　消 …………………………………………………………41
- 9 対　称　性 ………………………………………………………41
- 10 透　明　性 ………………………………………………………42
- 11 パースペクティブ ………………………………………………43
- 12 運　　動 …………………………………………………………45
- 13 詳細さと省略 ……………………………………………………47
- 14 そ　の　他 ………………………………………………………49

第4章　内　容　分　析 …………………………………………………52
- 1 最初に描く人物の性 ……………………………………………52
- 2 漫画的あるいは抽象的・図式的な人物画 ……………………53
- 3 人物画の両性像のサイズの差 …………………………………53
- 4 人物画の性差の表現 ……………………………………………54
  - (1) 性差を表現する特徴 …………………………………………55
  - (2) 性差を表現する段階 …………………………………………58
- 5 主　　題 …………………………………………………………63
- 6 顔と頭の部分 ……………………………………………………64
- 7 頭 …………………………………………………………………65
- 8 顔 …………………………………………………………………67
- 9 目とまつ毛 ………………………………………………………69
- 10 ま　ゆ　毛 ………………………………………………………71
- 11 鼻 …………………………………………………………………71
- 12 口　と　唇 ………………………………………………………72
- 13 歯　と　舌 ………………………………………………………74

14 耳 …………………………………………………………………… 74
15 毛　　髪 ………………………………………………………… 75
16 あ　　ご ………………………………………………………… 77
17 首 …………………………………………………………………… 77
18 のどぼとけ ……………………………………………………… 78
19 腕 …………………………………………………………………… 78
20 手 …………………………………………………………………… 80
21 指　と　爪 ……………………………………………………… 82
22 脚　（足） ……………………………………………………… 83
23 膝　と　関　節 ………………………………………………… 85
24 足　の　指 ……………………………………………………… 86
25 胴　　体 ………………………………………………………… 86
26 肩 …………………………………………………………………… 87
27 乳　　房 ………………………………………………………… 88
28 腰 …………………………………………………………………… 90
29 尻 …………………………………………………………………… 90
30 衣　　服 ………………………………………………………… 91
31 ボ　タ　ン ……………………………………………………… 92
32 ポ　ケ　ッ　ト ………………………………………………… 93
33 ネ　ク　タ　イ ………………………………………………… 93
34 帽　　子 ………………………………………………………… 94
35 靴 …………………………………………………………………… 95
36 ズボンとパンタロン …………………………………………… 95
37 所持品とアクセサリー ………………………………………… 96

　　参　考　文　献 ……………………………………………… 97
　　図記載ページ …………………………………………………… 99
　　事　項　索　引 ……………………………………………… 100

人物画テスト

第1章　人物画テストの実施法

　まえがきで述べたように、本書でいう人物画テストは、筆者らのＨＴＰＰテストの中の人物画に関するものである。ＨＴＰＰテストでは、被検者に、まず「家」を描かせ、次いで「木」を描かせ、さらに「人」を描かせ、最後に「その人と反対の性の人」を描かせる。したがって、ここに述べる人物画は、この四つの課題の中の二つである。しかしまえがきでも述べたように、ＨＴＰＰテストを実施する時間が十分になかったり、とくに被検者がかなり意識している自己像や理想像を知ろうとしたり、被検者にとって重要な人物への態度を明らかにしたい時など、ＨＴＰＰテストの中で人物画が表しやすい情報を得ようとする場合は、人物画だけを実施することも可能である。本章では人物画テストを単独に行う時の実施法を述べることにする。

1　用　　具

　人物画テストを個人法として実施するに当たっては、被検者一人に対し、筆者らの方法によるＨＴＰＰテストの中の人物画と同様に、Ｂ５判またはＡ４判の白ケント紙2枚とＨＢの黒鉛筆を2～3本と消しゴムを準備する。人物画テストでは、このほかの用具は不必要であり、定規その他の器具を使わせない。
　一般に心理テストを実施するに当たっては、物理的にも心理的にも心理テストを行うのに適切な場面を設定する必要があり、検査者と被検者との間にラポール（rapport：心のつながり）を形成しなければならない。
　このために、当然のことであるが、人物画テストを行う場所は、ほかの人が出入りしない静かな個室を使い、採光などに配慮して座る場所を決め

る必要がある。また人物画を描かせる前に、被検者の訴えや話を聞いたり、必要なら「あなたの性格を理解するためにテストをしたいと思いますが……」など目的を知らせたり、「テストの結果はカウンセリングをされる○○先生だけに知らせ、他の人には知らせません」など、適切と思われる会話を行い、人物画テストへの緊張を解き、被検者が人物画を描くことに協力するような配慮が必要である。

2　教　　示

　心理テストやテスト場面への被検者の緊張が解け、人物画テストを受ける心構えができた時、検査者は用紙の1枚を縦の位置にして被検者の前に置き、「今からあなたに絵を描いてもらいます。これは絵の上手下手を調べるのではありませんから、気楽な気持ちで描いて下さい。しかし、いいかげんには描かないで、できるだけていねいに描いて下さい。写生をしないで、自分が思ったように描いて下さい」と説明する。さらに「この鉛筆で描いてもらいますが、消しゴムを使ってもかまいません。時間の制限はありませんから、ていねいに描いて下さい」と付け加える。次いで「では、人を一人描いて下さい。顔だけではなく全身を描いて下さい」とだけ教示する。そして被検者に自由に描かせるが、被検者が検査者に注目されていると感じないように、検査者は他の心理テストの結果を整理したりしながら、描画中の被検者の行動を十分に観察して、後程、記録しておかねばならない。

　被検者によっては、教示にもかかわらず「何人描くのですか」「顔だけでもかまいませんか」と尋ねたり、「男を描くのですか、女を描くのですか」「どのような人を描くのですか」「正面の絵ですか、横向きでもよいのですか」などの質問をする者がいる。このような質問に対しても、検査者は「あなたが思ったように描いて下さい」とだけ答え、質問はやはり書き留めておく。またまれにではあるが、縦に置かれた用紙を横に置き換えて、

人物画を描く被検者がいるが、この場合も注意をしないで、そのまま描かせる。

　こうして描画を終えると、検査者は「この人は男ですか、女ですか」と尋ね、用紙の裏に、①M（または男）あるいは①F（または女）と記入し、最初に描いた人物の性別を明らかにしておく。そして次にもう1枚の新しい用紙を、やはり縦の位置にして被検者の前に置き、「では今度は女の人（男の人）を一人描いて下さい。やはり顔だけでなく、全身を描いて下さい」と、最初に描いた人物と反対の性の人物を描くように教示する。この第2番目の人物画を描き終えると、用紙の裏に、②F（または女）または②M（または男）と記入して、性別を明らかにしておく。

図1－1

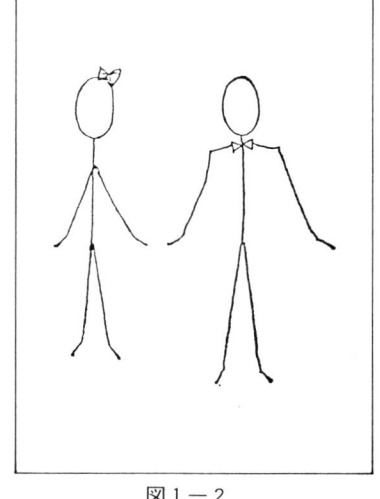
図1－2

　しかし時には、最初の人物画の性を尋ねた時に、「男女を考えなかった。たんに人を描いた」と答え、男女の性別を判断しにくい人物画を描く被検者もいる。この場合は、「それでは、男か女の人の絵を描いて下さい」といって、もう一度描かせることが望ましい。また時間的に余裕がない場合、「どちらかに決めるとすると、男と女のどちらに近いですか」と確かめて

から、その反対の性の人物画を描かせてもよい。

　なお、著しく漫画的な絵（図1－1）や、棒状の絵（図1－2）や、抽象的な絵（図1－3）や、スタイル画などを描く被検者は、人物画テストに警戒心を抱いていたり、自己防衛が強かったりして、自分の姿を隠そうとしていることが多い。したがって解釈に役立つ資料を得るためには、例えば「漫画でない具体的な人を描いて下さい」と教示して、もう一度描き直させることが望ましい。

　上記の教示の仕方は、被検者の状態によって多少変えてもよいが、「描画の才能を調べるテストではない」ことと、「いいかげんに描かないで、できるだけていねいに描く」点を強調しなければならない。被検者の中には「学校では絵が苦手だったし、絵を描くのは下手ですから、描けません」という者がいるので、絵の上手下手は問題ではないことを述べることが大切である。また、きわめて短時間に（それぞれの人物画を描くには、大体10分から15分の時間が必要である）乱雑に描かれた人物画は、それなりに被検者のパーソナリティの一面を物語ってはいるが、十分な情報を得られないので、いいかげんに雑に描かないことを強調しなければならない。

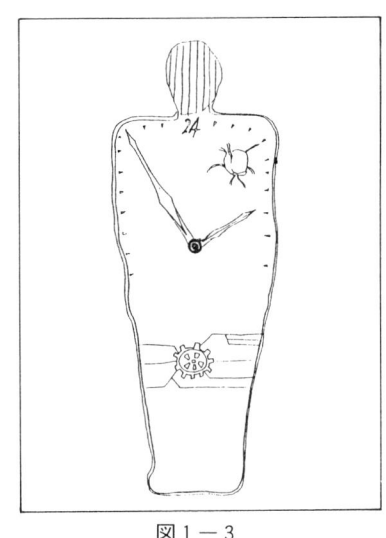

図1－3

3　描画中の行動観察

　一般に心理テストを行う時には、既述のように検査者と被検者のラポールが大切であり、テスト中の被検者の態度や行動に注意を払うことを忘れ

てはならない。人物画テストの場合でも、被検者がテストの教示を的確に理解して従ったか、理解が不十分であったり、十分な注意を払わなかったりして、教示に従わないか、描画を拒否しようとしたのか、義務的にいやいや描いたのか、興味を持って熱心に描いたのかなどに注意しなければならない。そして描画中にたえず質問や話をしながら描くか、黙って熱心に描くか、不満そうに描くか、緊張して描くか、気楽に描くか、面白そうに描くか、自信ありげに描くか、熱心にていねいに描くか、投げやりに通り一遍に描くか、検査者や周りの様子を気にしながら描くか、などについても十分な観察をしなければならない。さらに描画について「これでよろしいか」と保証を求めたり、検査者の気に入るように描こうとしているかとか、描画中に消しゴムをよく使用して修正をするか、消しゴムを使わないで修正をするか、顔から描いたか足から描いたかなど描く順序はどうかなどにも注意して観察しなければならない。また描画中に被検者の話したことや、つぶやいた言葉や、質問の内容（時間や描画の種類など）なども、人物画の解釈に役立つので、できるだけ記録しておくことが望ましい。しかし、被検者が描画中の自分の行動を観察されていると感じないように、十分配慮することも忘れてはならない。

4 描画後の質問

人物画テストに限らず、描画テストでは被検者が描画を終えた後に、描画について検査者と被検者が話し合うことが必要であり、被検者に描いた絵について感想を述べさせたり、検査者がさまざまな質問をして、描画に表れた意味を解釈するための資料を得ようとするが、これを描画後の質問（PDI：Post Drawing Interrogation）という。人物画テストでも描画を終わってから、ＰＤＩを行うことは欠かせない。人物画テストの描画後の質問は一定のものではなく、「あなたが描いたこの人について、思ったように話して下さい」「この人はどういう人だと思いますか。自由に想像して話し

て下さい」など自由連想的に説明をさせたり、人物画の解釈について検査者が必要と思ったことを自由に質問すればよい。一般には、まず被検者に描いた絵について自由に話させ、次いで検査者が質問をしていく方が自然である。次に筆者らが、被検者に全般的な感想を述べさせた後で、人物画テストのＰＤＩとして使っている質問を重要な順にあげる。

1　この人は何歳ぐらいだと思いますか。
2　この人は今、何をしていますか。
3　この人は今、何を考えたり感じていると思いますか。
4　この人はどんな性格の人だと思いますか。
5　あなたは、誰かを想像して、この人を描いたのですか。もしそうなら、誰ですか。
6　あなたが描こうと思ったように描けましたか。描きにくい所がありましたか。
7　（特殊な主題の人物の場合）あなたはどうしてこの人を思いついて描いたのですか。
8　（描画で理解しにくい部分について）これは何ですか。どうして描いたのですか。
9　この絵で描き足らない所がありますか。
10　あなたはこの人が好きですか。友人になったり一緒に生活をしてみたいと思いますか。
11　この人は結婚していますか。家族は何人ぐらいだと思いますか。
12　この人は友人が多いと思いますか。
13　この人はどんな仕事をしていると思いますか。
14　この人は幸福ですか。それとも不幸だと思いますか。
15　この人の身体は健康でしょうか。それとも弱いと思いますか。
16　この人が必要としているものは何だと思いますか。
17　あなたはこういう人になりたいと思いますか。
18　この人はあなたに似ていますか。

すべての被検者に対し、こうした詳細なPDIを行うことは実際上、困難である。したがって時間的余裕がない時、筆者らは後ろの方の質問を省略する場合も多いが、少なくとも初めの8項目（7と8は必要な場合にのみ行う）は尋ねるようにしている。

5　集　団　法

これまで述べたのは、人物画テストを個人法として実施する場合であり、心理臨床場面の心理テストは、個人法が最も望ましい形態である。しかし、基準資料を集めるとか、ある集団の傾向を知るとかの目的から、集団法として行う場合もあろう。集団法として人物画テストを実施する時は、被検者が互いの描画を見たり、話し合ったりしないように、座る位置と被検者間の距離に配慮し、「お互いの絵を見たり相談をしないで、自分が思ったように描いて下さい」と注意しなければならない。用具としては、個人法と同じ用紙と鉛筆と消しゴムを各人に渡し、一般的な教示は個人法の通りである。また用紙の大きさや質は同じであるが、用紙の裏にあらかじめ検査実施日、被検者の氏名、年齢、性別などを書く欄と、描かれた人物画の性別を記入するための欄として、①と②の数字を記載しておくと便利である。

また集団法の場合は、テスト時間を一定にするために、あらかじめ「最初の絵を描き終わるまでの時間は、大体15分ぐらいですから、そのつもりで描いて下さい。10分経過した時、私からも時間を教えます」と教示を変え、描画開始後10分で、「後、大体5分ぐらいで描き終えるようにして下さい」と知らせる必要がある。また個人法の教示では行わないが、テスト前にあらかじめ「絵を描く時には、漫画や抽象的な絵は描かないで下さい」と教示した方がよい。そして最初の人物画を描き終えた時、用紙を裏に向けさせ、あらかじめ準備してある欄に必要事項を記入させ、①の数字の欄に「今、描いた人が男性か女性かを記入して下さい」といって、描かれた

人物画の性別を記入させる。そして2番目の人物画を描かせるために、「では次の用紙を用意して下さい」といって準備させ、「今、男の人を描いた人は、今度は女の人を描いて下さい。また今、女の人を描いた人は、今度は男の人を描いて下さい。つまり、今描いた人と反対の性の人を描いて下さい」と教示して描かせるが、最初の人物画の場合と同じように、全身を描くことや、漫画や抽象画を描かないことや、実施時間などについて注意しておく。2番目の人物画を描き終わった後も、最初の人物画と同様に用紙の裏の必要事項を記入させ、②の数字の欄には描いた人物画の性別を記入させる。

　集団法では描画後の質問を個人ごとに行えないので、2枚の人物画を描き終え、必要事項を記入した後で、「もう一度、自分が描いた最初の絵を見て下さい。その人について、自分が思ったことをなんでもよいから用紙の裏の空白の所に書いて下さい」と教示することが、人物画の解釈に役立つことが多い。あるいは「用紙の裏の空白の所に1から6まで番号をつけて下さい。そしてそれぞれの番号について、私が質問をしますから、自分が描いた絵を見て思ったように答を書いて下さい」と教示し、次の描画後の質問（ＰＤＩ）を行ってもよい。

1　この人は何歳ぐらいだと思いますか。
2　この人は今、何をしていますか。
3　この人は今、何を考えたり感じていると思いますか。
4　この人はどんな性格の人だと思いますか。
5　あなたは、誰かを想像して、この人を描いたのですか。もしそうなら、誰ですか。
6　あなたが描こうと思ったように描けましたか。描きにくい所がありましたか。

　集団法では用紙の裏にＰＤＩの質問を記入しておくと、2番目の人物を描く時に影響があるので、質問項目は記載しておかない方がよい。

第2章　人物画の解釈

　ある人が描いた絵によって、その人のパーソナリティのさまざまな側面を明らかにすることが、描画テストの解釈である。人物画を含むすべての描画テストについていえることであるが、描画の解釈は、被検者が描いた絵だけの目隠し分析（blind analysis）によるべきではなく、描画中の行動観察や、描画後の質問や描かれた絵についての説明を考慮することが必要である。さらに、被検者の生活記録や被検者との面接や、描画テスト以外の行動観察からの資料、他の心理テストからの情報を参考にしなければならない。しかし目隠し分析がまったく意味がないとはいえず、描画テストを信頼性と妥当性の高い心理テストとするためや、心理臨床家が描画を解釈する技能を高めるためには、目隠し分析による解釈が必要となる。また臨床場面で人物画テストを適切に用いるためには、人物画の特徴（サイン）が一般にどういう意味（象徴するもの）を持つのかを理解しなければならず、このためにも目隠し分析が必要となる。

1　人物画が表現するもの

(1) 描画の重複決定性（多義性）と人物画

　改めていうまでもなく、言葉によって書かれた文も、言葉を用いないで描かれた絵画も、表現した人の意思（考え、感情、欲求、態度など）を他者に伝達する手段であり、表現されたものにはなんらかの意味が含まれている。しかし両者の意思の伝達の仕方はかなり異なる。表現し伝達される意味という点からみると、言葉を用いた文が常に特定の一つの意味を正確に伝えようとするのに対し、絵画は同時に幾つかの意味を伝えている。もし言葉

を用いた文によって伝達される意味が多義的であれば、コミュニケーションの手段としての言葉の意味はなくなる。したがって言葉を用いた文の表現は、すべての人に共通した一定の意味を持つ表現でなければならないし、言葉による文の表現では、書かれた個々の言葉の意味が辞書の定義通りであり、記述の仕方も主語・述語・目的語・語の活用形とそれに伴う助詞の用い方などと文法の規則に従い、脱字や誤字のないことが必要である。

　また通常の会話も言葉による文を手段として用いており、人々は互いに文には一つの意味しかないという前提で、互いに意思を伝達しあっているのであり、言葉による文が多義的であれば、会話は成立しない。例えば、ある人が「1年間アメリカに行かれるというのは本当ですか」と相手に尋ねた場合、表現された意味は一定であると考えられるから、「そうです」とか「いいえ」などと答えられる。この際、この質問をした人が学生であれば、「自分も行ってみたい」と思っているかもしれないし、心理療法の患者の場合なら、「その間、自分はどうなるのだろうか」と不安や恨みを抱いている可能性を考えることもできる。会話の文脈や表情や話し方などから、こうした本人が明確に気づいていない無意識の潜在的内容をとらえて、適切に反応することも人間関係ではもちろん大切であり、とくに心理療法では重視される。しかし言葉によって書かれたり、話されたりする文が表現する意味そのものは、絵とは異なり常に一定であることに変わりはない。

　しかし絵画の表現のための文法は存在しないし、主題、形、ライン、色彩、用紙の用い方など、個々の成分の意味が辞書に定義されているわけでもなく、描いた絵を見る人々は、同じ絵に違った意味を見出すことが可能であり、絵が特定の一つの意味だけを表すとは断言できない。つまり言葉を用いない絵画は一定の意味を表すよりも、さまざまな意味を同時に表現している。このように絵画が多義的な意味を有することを、絵画の重複決定性と呼ぶことができよう。絵画は言葉では明確に表せない意味を表現し、描いた人の意識的・無意識的なさまざまな側面を同時に表しているので、絵を見る人は絵に比較的共通の意味を見出せるだけではなく、異なる意味

を見出すこともできる。このことは画家が自分の描いた絵画の持つ意味を明確にできなかったり、絵画について説明した意味以外の意味を、後になって見出すことからも分かる。描画テストも絵による表現を求めているので、被検者自身が描いた絵の意味だと言葉によって述べた意味が、その時点で意識された意味であっても、それ以外に無意識の意味があったり、他の時点では違った意味だと述べる可能性がある。

　　(2)　自己像と他者像

　人物画テストも絵画による表現であるので、その意味は多義的であり、被検者のさまざまな意識的側面と無意識的側面を同時に表している。また「人を一人描くように」という構造化されていない場面を構造化する時、投影法の理論によると、被検者は自分の欲求・感情・対人態度など、パーソナリティのさまざまな側面を投影した特定の人を描く。このような立場から、人物画テストで描かれた人物は、なんらかの点で被検者自身（自己像）を表すという仮説によって、描画を解釈することが可能となる。とくに人物画テストの課題の性質から、被検者は人間に注意を向け、自分自身の周りの人間との関係で意識的・無意識的に自分（自己像）を表現すると考えられる。さらに人物画テストでは、被検者が自分を表すことに警戒的・防衛的になって、描画することを拒否したり、漫画の絵や他者の姿を描くことで、防衛的な態度や人間関係に警戒心を抱くことを示したり、描いた他者の姿に自己像を投影していることも多い。

　例えば図2－1は、ある女性の成人が描いた人物画である。成人女性で児童を描く者の比率は約10％である。この女性は描画後の質問に「鏡の自分を見ている私の子供です」と述べており、この絵がただちに被検者の自己像を表すというよりも、彼女の関心が自分の子供に向いていることや、彼女が自分の子供をどのように認知し、どのような態度を有しているかを理解できる。しかし重複決定性と投影の理論から、描いた女性のパーソナリティがこの子供の姿に投影されていて、彼女が自分を子供に同一化して

第 2 章　人物画の解釈

いて、自分を無力な存在と認知している可能性や、自己愛傾向を有する可能性も推論できる。筆者らの臨床経験からも、被検者が他者を描きながら、無意識のうちに、その人物に自分自身を表現していると思われる場合が多い。しかしまた、描かれた人物像が被検者の自己像をそのまま表現するというよりも、描かれた他者像への被検者の認知がおもに表現されていて、自己像の表現は少ないと解釈する方が適切と考えられる時も多い。

図 2 − 1

　したがって人物画テストを解釈する場合、描かれた人物に被検者がより多く自己像を表し、自分自身の意識的・無意識的な欲求や感情や他者への態度などを示しているのか、むしろ誰か他の人物をおもに表し、その人物への被検者の認知の仕方や態度や感情を表しているのかを考えることも大切である。このことは必ずしも容易ではなく、描画後の質問で被検者が自分以外の人を描いたと述べたから、自己像ではないとは断言できず、無意識のうちに被検者自身を表している可能性もある。すなわち絵の重複決定性の性質から、常にどちらの可能性も含んでいることを忘れてはならない。例えば青年の被検者の場合、友人とか見知らぬ人を描きながら、そこに自分自身の心理的・身体的特徴を描いていることもよくみられる。筆者らが作成した描画像の図式（図 2 − 2）はこれを図示したものであり、人物画は常にこのすべてを象徴していることを配慮しながら、おもにどれを示しているかを考えねばならない。

　上述のように、人物画テストはなんらかの点で、被検者の自己像を表現すると仮定できるが、被検者が自分以外の誰かに関心を抱き、その人を認知する仕方を表しながら、その人との関係で自己像を表すこともある。し

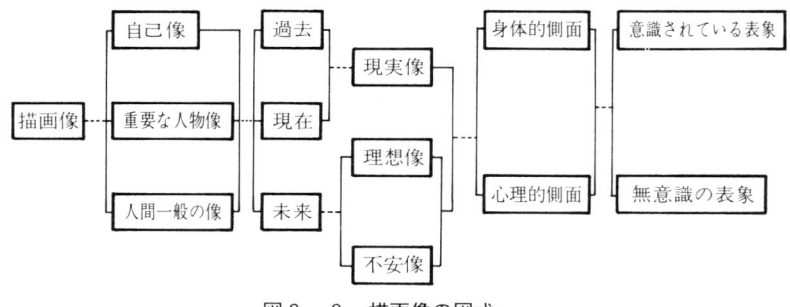

図2－2　描画像の図式

たがって人物画テストの解釈においては、被検者の描いた人物がより多く自己像を表しているのか、重要な人物像への態度を表しているのか、人間一般への認知の仕方を表しているのかを考える必要がある。さらに描画の重複決定性（多義性）のために断定はできないにせよ、上記の描画像の図式が示すように、描かれた人物の姿は、過去や現在の実際の姿（現実像）なのか、空想された未来の姿（理想像や不安像）なのか、その姿は身体的側面と心理的側面のどちらを表しているのか、それを被検者が意識しているのか意識していないのかなどを推論することは大切である。被検者の描いた人物が、おもにこの図式のどれを表すかを知るには、被検者の描いた人物の姿や年齢などが被検者に似ているかどうかとか、描画後の質問や説明や他の資料との関係によって検討しなければならない。しかしまた、多義的な意味を表す描画に適切な意味を見出すためには、絵に対する直観的印象も必要であり、このためにできるだけ多くの描画を見る経験が有益である。

　一般に被検者が最初に描いた人物（同性像の場合が多い）は、なんらかの意味で自分自身の身体的あるいは心理的な姿を表すことが多い。被検者の描く人物画が被検者自身の写真と似ているという報告や、身体障害者が人物画に直接的・間接的に身体障害の存在を描くという報告は、このことを示している。また、筆者らの経験でも、児童の同性の人物画は自己像を表すことが多い。さらに図2－3のように、成人の統合失調症者が抽象化された非現実的な人物を描いて、自分の不安や違和感を象徴する場合がある。

第2章　人物画の解釈

図2－3

図2－4

なお、このような「ロボットのような人物」は、①外界によって自分が統制されている感じや、②離人傾向を表すことが多く、精神障害者の可能性が高い。また図2－4のように、非行少年や犯罪者の中に、ヤクザらしい人物を描く者がいるが、これも描画像がおもに自己像を表し、自分の現実像を象徴していることが多い。なお図2－4の人物画は現実像としての自己像だけではなく、彼の理想像をも同時に表している可能性が強い。

　描画像の図式が示すように、人物画に示された被検者の自己像は現実像だけではなく、自分はこのようにありたいと望んで空想した理想像を表すことも多い。この場合も、このようにありたいと考えている心理的側面と身体的側面が表される。例えば、内気で引きこもりがちの青年が、肩をいからし拳銃を持った警官を描くのは、積極的に活動する人になりたいという心理的理想像を表すとともに、自分が外界を恐れている現実像を暗黙のうちに表しているとも考えられる。また身長が低く病弱な人が、アメリカン・フットボールの選手の絵を用紙いっぱいに描いたり、図2－5のように筋骨たくましいレスラーを描いたりするのは、身体的理想像を表してい

21

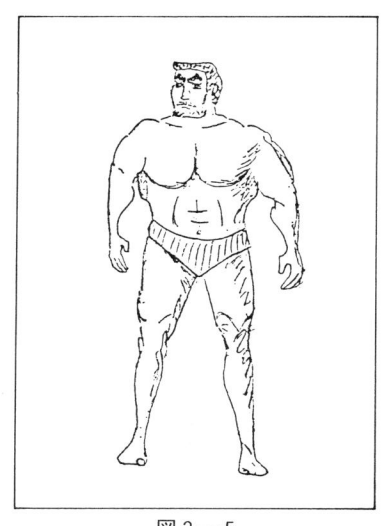
図2−5

る。女子高校生のかなりの者が、新しいモードの服を着たスタイルのよい女性像を描くのも、彼女らの身体的理想像を表している場合が多い。

このように人物画はおもに自己像に関連しているが、既述のように被検者にとって重要な人物が描かれ、その人への自分の認知の仕方を表すことも多い。重要な人物とは、肯定的にせよ否定的にせよ、その人が被検者の精神生活に影響を与えている人であり、被検者が好き嫌いのいずれかの感情を表したり、時に両価的感情を持つ人である。
重要な人物の描写はどの年齢の被検者にも生じ、人物画に両親、教師、上役、医師、友人、恋人など特定の人を描き、自己像そのものよりも重要な人物に対する自分の認知の仕方を、絵によって表現することがある。とくに児童にとって両親は重要な存在であるから、児童が両親の姿として認知したことを、言葉でなく絵によって表現し、両親への児童自身の感情を表現したり、両親に自分を同一化して、児童自身の理想像としての親を描いたりすることがみられる。

さらに描かれた人物画が、自己像や重要な人物ではなく、被検者の認知している人間一般の姿をおもに描いていることもある。被検者が人間一般を認知する仕方は、被検者にとって重要な人物への認知の仕方が般化されていることが多く、「世の中の人」「男性」「女性」「老人」「子供」一般に対する被検者の認知の仕方を、人物画に表現することがみられる。また被検者が生活している文化において、一般に是認されたり否認されたりする価値を無意識のうちに人物画に表すという考え方も、人物画が人間一般を表すという考えに基づいている。例えばデニス（Dennis, W., 1966）は、「児童

は一般に自分が尊敬する男性や、社会において尊敬されている男性を描く」という仮説を立て、文化を異にする児童の描いた男性像によって、その社会の価値を明らかにしようと試みている。

このように人物画テストで描かれた人物像はさまざまな側面を表しながらも、なんらかの意味で描いた人のパーソナリティに関連するというのが、人物画テストを解釈する時の仮説となっている。

2 人物画の解釈過程

人物画テストの解釈過程は、全体的評価・形式分析・内容分析の三つの解釈過程に分けられるが、これらは相互に関連していて明確に区別できない。しかし、この中の全体的評価がより直観的・総合的なもの（アート）であるとすれば、形式分析と内容分析はより科学的・分析的なもの（サイエンス）といえる。臨床心理学自体がそうであるが、心理テストを解釈するに当たっても心理療法の実施においても、その方法がサイエンス（science）かアート（art）かという問題がある。

臨床心理学も現代心理学の一つの分野である限り、自然科学のモデルによって数量的処理を重視し法則定立的（nomothetic）原理を求め、サイエンスとして客観的・実証的基礎による普遍的原理を確立する努力が必要である。したがって心理テストの解釈にせよ心理療法にせよ、一定の知識と経験を持つ人なら誰でも同じ程度に、心理テストを解釈できたり心理療法の効果をあげたりできるものでなければならない。しかし実際の心理臨床の場面においては、生育歴も価値観も異なる「今、ここに生きて、私の前にいる、この人」という個人に出会うので、数量的に処理できる人間一般に共通した類型的・客観的な見方だけでは不十分なことが多い。そこで心理臨床の場面では、法則定立的原理だけでなく、個性記述的（idiographic）原理が必要となり、心理臨床家のパーソナリティや臨床経験や価値観などがより重要になってくる。したがって心理臨床家の中には、臨床心理学はサ

イエンスとして成り立たないと考え、誰にでも共通する要因よりも、ある個人だけの要因を重視し、臨床心理学はサイエンスではなく、アートであると主張する者もいる。しかし筆者らは、臨床心理学はサイエンスとアートの特徴を統合したものであると考えているし、人物画テストの解釈でもこの両者の統合が必要と考えている。

　(1)　全体的評価

　描かれた人物画を全体として眺め、描画から得られる全体的印象を重視し、検査者が直観的に被検者の描画の意味を把握することが全体的評価である。

　ここで述べる全体的評価は、まさにアート的であり、形式分析のように、用紙の上下左右のどの位置に描画をしたのか、サイズはどうか、筆圧はどうか、消しゴムを使ってたびたび描き直したかなどを見たり、内容分析のように、どのような人物を描いたか、顔に目・鼻・口などが描かれているか、関節や爪を描いたかなどを見たりすることがサイエンス的であるのと異なる。しかし、人物画の意味を理解する全体的評価は、人物画テストの経験も持たず、単に直観的印象（いわゆる勘）で解釈するだけでは不十分であり、人物画の形式的側面や内容的側面の理解の仕方を、自分の臨床経験の中に統合して初めて可能となる。人物画テストに習熟していない心理臨床家は、人物画テストの文献に述べられたことにとらわれすぎて、どうかすると人物画を分析しすぎるか、逆にそれらをまったく無視して主観的な勘のみで解釈する傾向がある。したがって人物画テストの全体的評価の能力を高めるには、主観的な意味での直観的印象を重視しすぎないで、絵画を含む芸術作品全体に関心を持つとともに、心理学や精神医学や美術の知識を豊かにし、描画テストに関する研究文献を読み、年齢・パーソナリティ・精神障害の状態を異にする多くの被検者の描画を見る機会を増やし、これらを自分の経験の中に統合しなければならない。

1　上述のことを念頭に置いた全体的評価の心構えとしては、人物画が巧

みに描かれたかどうかの上手下手を判断しないで、また細かい様相にとらわれた分析をしないで、描かれた人物画を全体として眺め、検査者が感じる直観的印象を重視することである。そして「この人物画の意味するものは何か」を体験するようにしなければならない。このためには描かれた人物画を眺めながら、「この人物画を描いた被検者は、何を感じ、何を考え、何を訴えようとしているのか。この被検者は自分自身をどのように認知し、外界の人々をどのように認知しているのか」を感じ取ることが必要である。

2　また全体的評価では、他の情報源からの情報を最初は一応無視して、目隠し分析的に人物画から受ける全体的印象を重視する。全体的評価を行う時の手段として、まず、次のような点が感じられるかどうかを意識して眺めることが必要である。

①協調的・真面目・適切・率直に自己を表現しているか。──警戒的・嘲笑的・自己防衛的に自己を抑圧・隠蔽したり、おおげさに暴露的に表現しているか。

②豊かなエネルギーを適切に統制し、力強く繊細に描いているか。──エネルギーが乏しく無気力であったり、エネルギーの統制を失い、粗雑に描いているか。

③均衡が取れ安定し、調和的・自然的に描いているか。──投げやりで歪曲し不恰好・空虚・奇妙に描いているか。

さらに全体的印象として、次のような細かな点が感じられるかどうかに進めていく。なお、次の項目や分類の仕方は、これまでの経験で、筆者らが人物画についてよく感じる直観的印象を羅列したものであるが全体的評価の手がかりとなろう。

①可塑性、弾力性、自由、変化、発展。──硬さ、硬直性、単調、固執、停滞。

②活動性、積極的、拡張的、精力的、建設的、好奇心、決意、努力。──無気力、消極的、収縮的、疲労、破壊的、無関心、不決断、怠惰。

③均衡、安定、安心、平静、弛緩、統制的。——歪曲、不安定、不安、動揺、緊張、衝動的。
　　④幸福、明朗、喜び、暖かさ、豊かさ。——不幸、憂うつ、悲しみ、冷たさ、貧しさ。
　　⑤優雅、美的、繊細、統合的、実体的、実質的、注意、敏感。——粗雑、おおまか、分裂、空虚、形式的、不注意、鈍感。
　　⑥成熟、青春、発展、独立、性的、禁欲的、希望。——幼稚、老年、衰退、依存、中性的、快楽的、絶望。
　　⑦友好的、愛、協調的、受容、集合、親しみ、賛美。——敵意、憎しみ、攻撃的、拒否、孤立、恐怖、軽蔑。
　　⑧支配的、主張的、自信、自己顕示、重要、巨大。——従属的、優柔不断、自信欠如、無意味、矮小。
　　⑨理性的、英知、内省、真実、現実的、厳しさ、謙虚。——感情的、愚かさ、無反省、虚偽、空想的、甘さ、傲慢。

3　さらに描画テスト全体に共通した全体的評価として、①知能を含んだ一般的な適応水準、②情緒や精神の成熟度、③情緒の安定性、④パーソナリティの統合と混乱の状態、⑤自我の拡張傾向と収縮傾向、⑥自己と外界に対する基本的な認知の仕方（是認、否認、親和、疎外など）、⑦行動の統制力、⑧脳機能障害の可能性などの情報が得られるかどうかも配慮することが望ましい。

4　また形式分析や内容分析では、描かれた人物画の全体よりも部分を取り上げるために、個々の特徴と結び付く解釈仮説の間に矛盾があって、いったいどちらを取り上げ、矛盾をどのように考えればよいかについて困惑することがある。この矛盾を解決して、人物画から被検者のパーソナリティを統合的に理解するには、既述のように描画後の質問や他の心理テストなどからの情報に関連させて推論しなければならない。しかし、検査者の臨床的経験に基づいて直観的になされる全体的評価に重点を置いて、それとの関係で統合することも必要である。

(2) 形式分析

まえがきで述べたように、HTPPテストでは「家」「木」「人」「反対の性の人」の四つの課題を、順次、別々の用紙に描かせるが、四つのどの課題の絵の分析にも共通していえる側面が形式分析である。形式分析は描画の課題と関係のない共通した解釈要因であり、「絵をどのように描いたか」という点からの分析である。

例えば、描画のサイズ、筆圧、用紙上の描画の位置、描画の写実性（具体的な人物か抽象的な人物を描くか）、抹消の程度などであり、これらの特徴（サイン）と結び付く解釈仮説について検討する過程であり、第3章で述べることにする。

(3) 内容分析

内容分析は描画の課題によって異なり、人物画では「人物の何を描き、何を強調して描き、何を無視したり省略し、何を歪曲して描いたか」などの点から人物画を分析し、その個々の特徴（サイン）と結び付く解釈仮説について検討する過程である。

筆者らのいう内容分析を行う時、描画のある部分の描き方が一般的か、強調されているか、無視されているか、省略されているかなどを検討する必要がある。強調という場合、人物のある部分のサイズが大きかったり、筆圧が強かったり、濃く描いていたり、何度も描き直したりするなどのことが見られる。また無視や省略の場合、人物のある部分のサイズが小さかったり、筆圧が弱かったり、薄く描いていたり、必要な構成部分の一部分を描かなかったり、まったく描かなかったりする。バック(Buck, J. 1970)によると、描画のある部分の強調には、積極的強調と消極的強調の仕方がある。

A 積極的強調

①描画中の行動や、描画後の質問の際、感情の動きを表す。

②絵の部分を描く順序が通常の順序ではない。
③絵のある部分に特別の関心を示す。例えば、
　ⅰ過度に抹消し、描き直してもよくなっていない。
　ⅱたびたびある部分に戻って描く。
　ⅲある部分を描くのに著しく時間をかけるなど。
④明らかに逸脱した奇妙な描き方をする。
⑤ある部分を描くことに固執する。
⑥絵の全体やある部分について、被検者が自発的に感想や意見を述べる。

B　消極的強調
①課題となる描画に必須の部分を描かないで省略する。
②ある部分の描き方が不十分であったり、部分と部分の結合が不十分である。
③描画後の質問で質問に答えようとしなかったり、回避的な答をする。

　人物画テストの内容分析の例をあげると、最初に描く人物の性と人物の姿、頭部、手を含む上半身、胴体、足の描き方などであり、第4章で述べることにする。

(4)　描画解釈の基礎理論

　人物画のある特徴が被検者のパーソナリティのある側面と結び付く仮説の理論的根拠は、『樹木画テスト』の21頁から29頁に述べた、①空間象徴の理論、②年齢による描画の発達、③グラフィック・コミュニケーション（図示的コミュニケーション）の象徴性に基づいている。関心のある読者はそれを参考にして頂きたいが、人物画を解釈するに当たり、とくに必要なことを、次に要約しておきたい。

1　空間象徴の理論は本来、筆跡学で用いられた理論であり、描画の用紙という空間の中のある領域が、特別の意味を象徴しているとの考えである。参考のため、図2−6に樹木画テストについてコッホ（Koch, K. 1949）が引用しているグリュンワルド（Grünwald）と、図2−7にボーラ

第 2 章　人物画の解釈

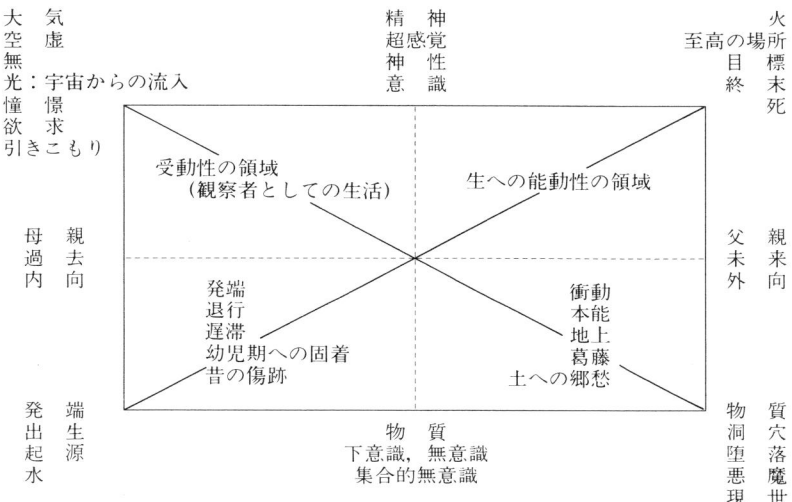

図 2 − 6　Grünwald の空間図式

ンダー（Bolander, K. 1977）のあげた空間図式を再び図示する。しかし、人物が用紙の左下に描かれたから、ただちに幼児期への固着であるとか、依存性が高いと断言するべきでなく、解釈をする時の一つの可能性と考え、他のサインとの関連で解釈するべきことはいうまでもない。

2　年齢による描画の発達とは、人が幼児期から成長し発達するにつれて、描画の様相の変化することである。図 2 − 8 は 3 歳、図 2 − 9 は 4 歳の幼児の描いた人物画である。3 歳児が胴体を描かなかったり、4 歳児が胴体と足を描いても腕や手を描かないのはよくみられることであるが、就学後の学童がこのような人物画を描くことは通常みられない。また筆者らがかつて人物画の同性像が何頭身（身長／頭部）かを調査したところでは、表 2 − 1 のように幼稚園児が4.26頭身であるのに対し、大学生になると5.74頭身になっている。このように、描画のさまざまな様相からみて、成人が幼少期の児童の描くような人物画を描いた場合、精神的になんらかの問題を有していたり、退行した精神状態にあると推論できる。図 2 − 10は統合失調症者が描いた人物画であり、その一例である。

29

(7)	(8a)	(8b)	(9)
神秘主義 直　観 憧　憬 幻　想 夢　想 芸　術	狂信性 理想主義 愛他主義 信　仰 想　像 宗　教	努　力 目　標 自　覚 達　成 きちょうめん 哲　学	完　成 計画性 十分な財力 独　立 実　験 科　学
(4)	(5a)	(5b)	(6)
感情的判断 気　分 記　憶 熱　望 受動性 感情の固着	喜　び 保　護 献　身 同　情 悲しみ 後　悔	決　意 主導性 自己統制 責　任 虚栄心 拒　否	意　志 仕　事 伝　統 常　識 具体性 活動性
(1)	(2a)	(2b)	(3)
依　存 安全への要求 退　行 口唇的固着 前意識 発端の元型	無意識の欲求 無意識の記憶 母性的本能 再生への性本能 女性の元型 豊饒神崇拝儀式	無意識の権力欲 識閾下の知覚 自我本能 生殖器への性本能 集合的男性の元型 男根儀式	無気力 自己愛 恐怖：混乱 肛門的固着 死 回　帰

図2─7　Bolanderの空間図式

第 2 章　人物画の解釈

図 2 — 8

図 2 — 9

表 2 — 1　年齢による同性像の頭と身長の比率の変化

被 検 者	幼 稚 園	小学 2 年	小学 4 年	小学 5 年	小学 6 年	中学 3 年	大学 1 年
人　　数	48人	51人	69人	40人	36人	33人	49人
平 均 頭 身	4.26	4.26	4.40	4.46	4.60	5.06	5.74

3　グラフィック・コミュニケーション（図示的コミュニケーション）は、描画テストが他の心理テストと異なる重要な側面であり、先に描画の重複決定性（多義性）について述べたことに関連する。グラフィック・コミュニケーションとは、人が自分の意思を言葉ではなく、絵というメディアによって伝達することである。人は絵に、①言葉で十分あるいは適切に表現できない意思や、②自分自身も明確に意識していない欲求や葛藤や感情などを表現する。しかも言葉による場合と異なり、絵は単一の感情や欲求を表すだけでなく、さまざまな感情や欲求などを同時に表現できるという特色がある。人物画の解釈に当たっては、絵の全体や部分の特徴（サイン）が象徴的な意味を持つという仮定があり、これはグラフィッ

ク・コミュニケーションの持つ象徴性によっている。

　例えば、図2−11の人物画を見る時、人々はこの絵を描いた男性のパーソナリティや、彼の女性に対する認知の仕方などについて、彼が言葉で表現する以上のことを体験的に共有できるであろう。

　なお、あるサインが象徴する内容は、①人類共通の普遍的と考えられるもの、②ある文化に共通してみられるもの、③ある家庭内の成員が共有するもの、④ある個人に特有のもの、の四つがあることに注意して解釈を行わねばならない。第3章からは、あるサインの象徴として通常考えられる意味を述べていくが、これは普遍的な象徴や文化内で共通した象徴としての意味であり、繰り返し述べることであるが、臨床場面において人物画を解釈する時は、他の情報源からの情報や、ＰＤＩや被検者の自由連想などを総合して解釈を行わねばならない。

図2−10

図2−11

第3章　形 式 分 析

　既述のように描画の形式分析は、課題にあまり関係なく、どの課題にも共通した解釈要因である。本章の人物画の形式分析で、筆者らの『樹木画テスト』の形式分析と重複する所は簡単に述べるので、必要に応じて同書の形式分析の部分を参照にされたい。

1　サ イ ズ

　描画のサイズを定めるために、筆者らは『樹木画テスト』で、描かれた木のサイズを知るために、B5判の場合は4/5（230㎜×163㎜）の長方形から、はみ出る大きさの描画を「大きいサイズ」、これより小さくて1/3（148㎜×105㎜）の長方形より大きい描画を「普通のサイズ」、1/3の長方形以内の描画を「小さいサイズ」とし、A4判も同比率で考えたので、人物画も同じにした。人物画は樹木画と比べてやや小さく描かれ、男女の被検者にかかわらず、男性像が大きく描かれ、女性像が小さく描かれる傾向がある。

　人物画のサイズは通常、被検者と環境との関係を表し、①自尊心、②自己拡大の欲求、③活動性、④感情状態を示すが、これが被検者の現実の姿を表すのか、理想像や不安像のような空想された姿を表すのかは、他の情報と関連させて判断しなければならない。

　「大きいサイズ」は、①自己顕示、②自己主張、③過活動、④高揚した気分、⑤攻撃性を表している。児童は一般に大きいサイズの人物画を描くが、成人の場合、全体としてバランスを失った大きいサイズの人物画は、知的障害者や器質障害者に生じやすい。また用紙からはみ出るほどの「大きすぎるサイズ」は、①無計画性を表したり、②躁状態の被検者に生じやすい。

「小さいサイズ」は、①低い自尊心、②自己抑制、③引きこもり、④無力感、⑤不適切感、⑥劣等感、⑦抑うつ気分、時には、⑧依存性や、⑨退行した状態を表す。「著しく小さいサイズ」は、通常、精神的エネルギーの低下を示し、老人やアルコール依存症者や統合失調症者の一部に生じやすい。

筆者らの基準を、筆者らの資料に当てはめると、表3-1のようになる。

筆者らがHTPPテストの一部としてでなく、人物画テストとして行った本書のための資料としては、18歳以上の男女被検者639人（男性200人、平均年齢20.9歳、標準偏差1.36。女性439人、平均年齢20.6歳、標準偏差3.02）の人物画の資料を用いた。とくに断らない限り、本書での数値はこの資料に基づいている。

表3-1　人物画のサイズ

被検者	人物画	大きいサイズ	小さいサイズ
男 (200人)	男性像 女性像	33.3% 22.0%	12.5% 22.5%
女 (439人)	男性像 女性像	23.8% 16.0%	10.1% 13.7%

2　筆　　圧

筆圧は、描かれたラインが濃いか薄いかということや、用紙の裏を見て、裏まで鉛筆の筆圧が通っているかどうかなどの点から判断できる。筆圧は被検者の精神的エネルギーを表すと考えられる。多くの人物画では、ラインのどの部分でも筆圧はおおむね一定であり、①安定した精神状態や、②適切に発達した自我の状態を表している。また、ある程度「変化する筆圧」であっても、著しくない時は、パーソナリティの可塑性を表している。しかし筆圧の変化が著しく目立つ場合は、①情緒の不安定、②衝動性、

③欲求不満耐性の欠如を示している。

「強い筆圧」は、①心理的緊張の強さ、②エネルギー水準の高さ、③自己主張、④活動性、⑤支配欲求、⑥敵意の存在などを表している。また図3－1のように「強い筆圧の太いライン」は、自己主張や支配欲求や敵意の衝動を抑制したり、統制しようとしたりする場合にみられる。

他方、「弱い筆圧」は、①不安、②ためらい、③自己抑制、④自信欠如、⑤自己不確実感、⑥無気力、⑦恐怖心、⑧抑うつ気分などを表している。統合失調症者やうつ病者は「弱い筆圧の細いライン」で人物画を描くことが多い。

図3－1

3 ライン

ラインは筆圧、方向（直線か曲線かなど）、持続度（変化の有無など）、統制力（統制しているか雑かなど）により、さまざまな様相を示す。

「一定の方向に持続した一貫性のあるライン」で描く人は、①適応していて、②目標を決めて忍耐力を持って行動し、③情緒の安定した人である。

「まるみのある曲線のライン」は、①健康で適応した人にみられるが、著しい場合は、②依存性や、③慣習の無視を表している。他方、「鋭角が多くぎざぎざしたライン」は、①敵意、②衝動性、③不安を示すことが多い。

通常、描画はある程度「連続した長さのライン」で描かれ、自分を抑制し統制力のある行動をしていることを表し、「短いライン」は興奮し衝動的に行動しやすいことを示している。

「破線のライン」は、①外界に対する感受性、②自信欠如、③自己不確

実感、④無力感、⑤劣等感、⑥不安などを表すが、特異な場合は、⑦自我境界や現実との接触の喪失感を表している。さらにスケッチ風に二重三重に「重なって描かれた破線」で、ラインが途切れて結合していない時は、破線と同じような意味を持つが、①不安だけでなく、②敵意や、③情動の行動化を表しやすい。

また図3－2のように、鉛筆を斜めに持って描くために「幅広くなったスケッチ風のライン」は、美術に関心のある被検者を別にして、①自分の衝動を抑えられない不安を表すことが多く、②自信欠如や、③正確さを求める傾向を表したりする。

図3－2

なお「ふるえの多いライン」は薬物の影響によることもあるが、①精神障害者の可能性があり、②アルコール依存症者や、③器質障害者に生じることが多い。

4　用紙上の位置

描画像の用紙上の位置については、空間象徴の理論の所で述べたように、用紙の左側は自己を表し、右側が環境を表すなど、被検者と環境との関係を示すと考えられている。

「用紙の中央の位置」は最も多くみられ、①安定して調和した精神状態を表すが、過度に中央にこだわるのは、②硬すぎるパーソナリティや、③過度の注意深さや、④警戒心を表している（図3－10参照）。

「用紙の左側の位置」は、①どうかすると過去にとらわれ、②理性より

も感情に走りやすく、③内向的で自己意識が強かったり、④自己中心性を表している（図2－1、図3－16参照）。

「用紙の右側の位置」は、①過去にとらわれるよりも未来指向的であったり、②感情を抑制したり、③知的な満足を求めたり、④外向性を示しやすい（図4－14参照）。

「用紙の上方の位置」は、①過去や現実に根づかず不確実な精神状態であったり、②現実的なことよりも空想的なことを求めたり、③高い目標を持ちながら、目標を達成しにくいと感じていたり、④何事も容易に達成できると感じていて、時に傲慢さを示すことなどがある（図4－9参照）。

「用紙の下方の位置」は、①未来への展望の欠如や想像力の乏しさ、②実際的で現実的な物事の重視、③抑うつ気分、④安定性の追求などを表しやすい。

なお小さいサイズで「用紙の左上の位置」に描かれた描画は、①退行して自閉的になり過去の空想に耽る傾向、②神秘的あるいは芸術的なものへの憧れを抱きながらも、現実生活と妥協する傾向などを示すようである。

また小さいサイズで「用紙の左下の位置」に描かれた描画は、①不安、②過去への固着、③新しい経験の回避、④空想性、⑤受動性などを表している。

描画像の用紙上の位置について、筆者らは多くの人々の見解と自分達の経験から、かつて『樹木画テスト』で空間の象徴する意味をまとめたが、人物画の場合にも役立つと考えられるので、ここに再掲する。

1 用紙の上方と下方

上方	精神　空想　未来　目標　意識　自覚　発展　完成 天　陽　男性性　主導性　活動性　不安定性 楽天性　喜び　社会 生
下方	物質　現実　過去　無自覚　無意識　衝動　退行　失敗 地　陰　女性性　受動性　非活動性　安定性 悲哀　悲しみ　自我 死

2 用紙の左側と右側

左　側	右　側
過去　発端　生 女性性　母親 内向性　受動性　消極性 自閉　内面　無意識 感情	未来　終末　死 男性性　父親 外向性　主導性　積極性 社会　外面　意識 知性　英知

3 用紙の左上と左下

左　上	空想　幻想　自閉　芸術　音楽
左　下	不安　退行　依存　幼児期（過去）への固着

4 用紙の右上と右下

右　上	目標　計画　完成　科学　数学
右　下	無気力　混乱　自己愛　孤立　死

5　切断された人物画

　人物画で用紙による切断が多く生じるのは、図3―2のように用紙の下方での切断のことが多い。一般に描画が下方で切断されているのは、①他者の支持を求める欲求、②抑うつ気分、③衝動の抑圧（衝動を否定しようとしながらも、その衝動に影響されている）を表したり、④精神を安定させるために過度の知性化を用いたりすることを表している。とくに用紙の下方で切断された人物画は、①人間関係に不満があったり、他者に敵意を抱きながら、それを抑圧している時や、②自主性のある独立した行動を求めながら、外界からの圧力によって妨げられていると感じている場合が多い。

　切断されてはいないが、「用紙の下方に接触して描いた人物画」は、①不安全感を抱き自信がなかったり、②依存性が強かったり、③現実指向的であったりすることを表している。

6　濃淡と影

　人物画に「濃淡（shading）」をつけて描くのは、外界に対する緊張感を抱いていたり、過敏なために外界からの影響を受けやすかったりするので、自我を保護する機制が働いている。したがって濃淡は、①不安、②従属性、③潜在的敵意を表すと考えられている。また、④心的外傷となる記憶の抑圧を示すこともある。しかし図3―3（人物の濃淡は著しくないが、影が濃い）や図3―4のように、それほど強くない濃淡を用い、人物画を推敲したように描いている場合（黒色というよりも灰色の印象を与える）は、人間関係での過敏性を表すことが多い。

　人物画に描かれる「影（shadow）」は、①不安を生じる葛藤の存在や、②影は太陽を意識して描いているので、強迫傾向や完全癖を表しやすい。空間の象徴性に関連して推論すると、図3―3のように人物の「右に描いた

図3－3　　　　　　　　　　図3－4

影」は、①未来への不安、②心の無意識の部分（否定されるべき部分）に気づいた不安を表している。他方、図3－4のように「左に描いた影」は、①過去と関係する不安、②心の無意識の部分に気づかず、自分が抑圧して無意識になっている葛藤をまったく処理できていないことを表すと考えられている。

7　用紙を横にして描いた人物画

　検査者の指示に従わないのは、①検査者や権威に対し無意識に反抗していることを示したり、②自分の置かれた環境に不満であったり、③自分を外界に合致させるのでなく、外界が自分に合致するべきだと考えている被検者に多い。したがって「用紙を横にして描いた人物画」は、①自己中心性、②反抗性、③順応性の欠如、④空想への逃避などを表している。

第 3 章　形 式 分 析

8　抹　　消

　人物画テストでは消しゴムの使用が許されているにもかかわらず、描画を修正するのに消しゴムをまったく用いなかったり、少しも描画を修正しようとしない被検者がいる。彼らはテストを真面目に受けようとしていなかったり、拒否的であったり、投げやりの態度であったり、可塑性を欠くパーソナリティのことが多い。幼児、知的障害者、老人、躁状態やうつ状態の人、器質障害者は、消しゴムを使って描画を修正することが一般に少ない。通常の被検者は、適度に消しゴムを使って、描画を修正するものである。しかし、あまりにもしばしば消しゴムを使って抹消と修正を繰り返す者は、①自信がなく、②決断力に欠け、③不安が強かったり、④要求水準が高かったり、⑤強迫傾向を示したりするので、神経症者にみられやすい。また修正のために過度に抹消された部分や、一度描いて抹消してしまった部分などが、その部分の強調として、被検者に特別の意味を有することがあるので、被検者の描画中の行動を十分に観察することが大切である。
　なお消しゴムを使わないで、描いた人物に×をつけて消したことにして、その横に新しい人物を描いたり、用紙の裏側に描き直す被検者が時にみられる。これは、①反抗性、②攻撃性、③自己不確実性を表すと考えられる。

9　対　称　性

　人間の姿は対称的であるから、被検者は対称性を意識して人物を描き、不適切な場合、修正を加えるものである。人物画の対称性の欠如は、図3－5や図4－17のように、とくに左右の手足の長さや幅が違っていることに示され、不均衡な印象を与える。対称性を欠いた人物画は、①不注意や不安を表したり、②知的障害者や器質障害者や統合失調症者などで、適切

図3―5　　　　　　　　図3―6

な協応動作のできない場合や、③軽躁病やヒステリーの者で高揚した気分や過活動の場合に生じやすい。対称性の欠如は、人物像の部分の「まとまり（統合）の悪さ」となり、欲求不満耐性の低さや衝動性を示すことが多い。他方、図3―6のように対称性にこだわりすぎて、硬い印象を与える過度の対称性は、①不安定感が強いために強迫的に安定を求めたり、②自分の感情を抑圧して知性化しようとしたり、③感情が冷たく、距離をおいて他者に接しようとしたりする傾向を表している。これほど著しくはない対称性は、知性化の機制を用いる被検者にみられやすい。

10　透　明　性

　図3―7のように、内臓を描くような透明性は、幼児を別として特異なサインであり、統合失調症者に生じやすい。このような著しい透明性は、①パーソナリティの統合を失い、②現実吟味力が妨げられ、③自己と外界の状態を客観的に認識できず、両者を区別できないことを表している。ま

第3章　形　式　分　析

た図4－11のように、腕を通してスカートが見えるなども透明性を表し、やはり解釈上注意するべき特異なサインである。しかし上着のそでのあたりを通して腕が見えるように描かれている場合など、論理的に見えるはずのない所が、見えるように描かれることはかなり生じる。このような人物画は、①テストへの抵抗や不注意のことが多く、②知的障害、③高揚した気分、④窃視傾向などを表すことがある。

図3－7

11　パースペクティブ

　人物をどのような視点からとらえて描画したかをパースペクティブ（perspective）という。人物画の場合、たいていの被検者はほぼ正面から見た人物を描くが、後ろ向きや、横から見た人物を描くこともあり、時には距離感を伴い、鳥瞰図的に描いたり、下から見上げたように描くこともある。
　「正面向き」の人物画は、①率直さを表すが、時には、②可塑性の欠如や、③自分を露出したり、自分の存在を顕示する傾向を示すこともある。
　これに対し、図3－8のように「完全な横向き」のパースペクティブの人物画は、①逃避的で他者との交流を避けようとする傾向、②引きこもりを表している。しかし図3－9のように「不完全な横向き」は、①成熟したパーソナリティや、②思慮深さを表すといわれている。また図3－10のような「後ろ向き」のパースペクティブも、「横向き」と同じような意味を有しているが、①逃避傾向がより強く、②他者に拒否的であったり、③自

図3−8

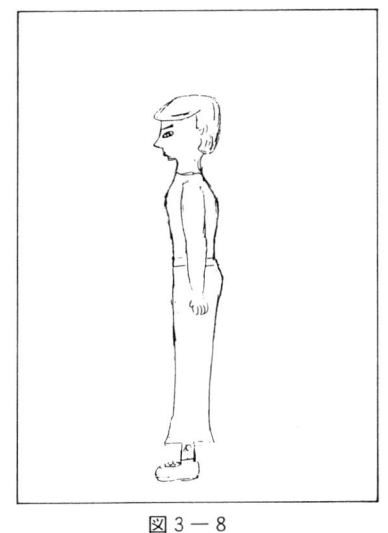

図3−9

図3−10

分の本当の姿を隠して他者と接触していこうとする傾向を表す。また異性像だけを後ろ向きに描くのは、異性からの逃避的態度や異性への拒否的態度を表している。マッコーバー（Machover, K. 1949）は、図4−11のように「体が正面を向いた横向き」の人物画は、①社会生活を送るのに違和感を感じていたり、②身体を露出する傾向を表し、③時に不正直さを表すと述べている。さらに他の研究者は、このようなパースペクティブの人物が、④退行の機制を表すともいっている。また同性の人物を正面向きに描き、異性を横向きに描いた人物画は、異性に対し防衛的で自分の気持ちを表そうとしない傾向や異性へのこだわりを示している。

第3章 形式分析

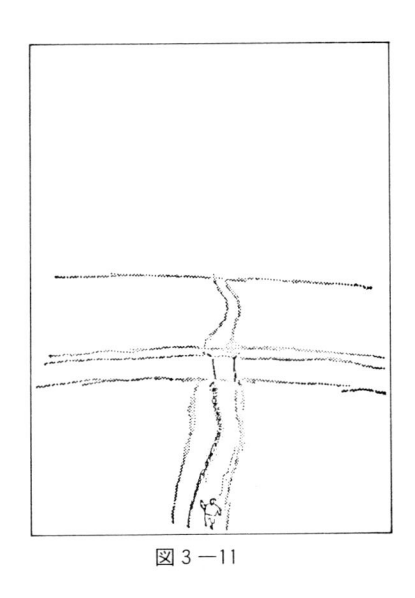

図3―11

図3―12

　人物画のパースペクティブの中で、図3―11のような「鳥瞰図的な人物画」は、①人間関係や描かれた人物に拒否的であったり、②自分が優れた地位にあると考え、自分から他者に近づこうとしないことを表している。また図3―12のように、「下から見上げた人物画」は、①被検者が人間関係や描かれた人物に対し劣等感を抱いていたり、②他者に近づこうと望みながら拒否されている気持ちや、③引きこもりの傾向を表している。「鳥瞰図的な人物画」も「下から見上げた人物画」も、自分と他者との間に距離があることを表し、被検者が自分の住んでいる生活環境に不適応感を抱いていて、人間関係を回避することを表している。

12　運　　動

　人物画の多くは、目立った運動を伴わず、立っている状態に描かれるが、歩いたり、走ったり、踊ったり、跳躍したり、座ったり、読書をしたりするなどの状態に描かれることもある。筆者らの今回の資料によると、男性

図 3 — 13

図 3 — 14

図 3 — 15

被検者の29.5％と女性被検者の21.0％が運動をしている人物画を描いている。運動の意味を解釈するには、運動が①激しいか穏やかか、②自発的か強制されたものか、③快いものか不快なものかを見る必要がある。

図3 — 6のようにまったく運動が感じられず、静止して硬い印象を与えたり、機械的で生命感のみられない人物画は、パーソナリティが硬く可塑性の欠如を表している。

人物画に描かれた運動を筆者らは、積極的運動、消極的運動、その他の運動の3種類に分けている。積極的運動は図3 — 13のように跳躍したり、走ったり、踊ったり、競技をしたりするなど、人物が外界に積極的に働きかけて

いる積極的・活動的な運動である。消極的運動とは図3—14のように外界からの圧力にうちひしがれたように、疲れてうずくまったり、もたれかかったり、眠っていたりしてエネルギーが感じられなかったり、無気力な印象を与える運動である。その他の運動は図3—15のように、座っていたり、読書していたりするなど、人物が自発的に運動している状態であり、積極的・活動的というほどでなく、また消極的・受動的というほどでもない穏やかな静止した印象を与える運動である。

　積極的運動は、①被検者の気分が明るく活動を好む傾向や、②問題を積極的に処理する人に自分を同一化する傾向（行動が内向的であっても、達成欲求を強く抱いている人にもみられる）を示す。しかし、過度に積極的な運動をしている人物画は、①自己顕示性、②露出傾向、③落ち着きのなさなどを表しがちである。消極的運動は、①エネルギー水準が低く、精神的に疲労していることや、②不適切感、③依存傾向を表しやすい。その他の静止した運動は、自分が直面した状況に応じて行動を変える可塑性のある被検者の描画に多い。なお青年期前期にある被検者の人物画は、運動を伴うことが多いが、どの年齢の被検者でも、図3—6のように運動や動作がまったく感じられず、硬く静止した人物画を描くことはまれである。

13　詳細さと省略

　人物画を構成する必須部分は、顔、胴、2本の手、2本の足である。被検者はこれを中心にさまざまな部分を推敲して詳細に描いていくが、どの程度詳しく描くかを、詳細さ（detailing）という。筆者らは、「できるだけていねいに」という教示を用いているので、この教示にもかかわらず、詳細さを著しく欠くのは、①慣習を無視する反抗的な人、②知的障害者、③エネルギーの低い内向性の人や抑うつ状態の人、④情緒の混乱した人に多い。なお当然ながら、観察力や表現力の不十分な幼児も、人物画を詳細に描くことはできない。

図3―16　　　　　　　　　　図3―17

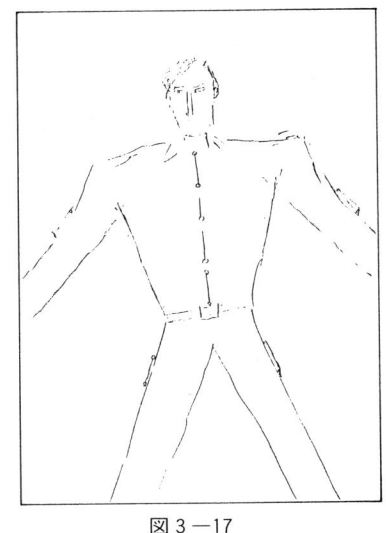

　図3―16のように、過度に詳細な人物画（この図では頭髪やえりの飾りなどをきわめて詳細に描いている）は、①自分と環境との関係を適切に理解して統合することができず、重要なものとそうでないものを区別できなかったり、②抑圧している欲求の統制を失わないために強迫的であることが多い。過度の詳細さは強迫傾向の人、初期の統合失調症者に生じやすい。

　図3―16の頭髪などの描き方は固執的ともいえるが、典型的な「固執」は衣服の模様などを機械的に同じ形に描いたりして、奇妙な印象を与え、統合失調症者の人物画にみられることが多く、図3―17のボタンのようなものが不適切な部分にまで描かれている場合も、固執の例である。

　また特定の部分を詳細に描くのは、その領域の象徴するものに対する葛藤や関心を表している。したがって、とくに目と耳を詳細に描くのは、他者からの敵意に敏感で猜疑心の強い人であったり、図3―16のようにヘアスタイルをとくにていねいに描くのが、性的関心の強い人であったりする。

　他方、人物画を構成する必須部分を描かないで省略するのも、その領域の象徴するものに対する葛藤や関心を表している。例えば、顔の部分を

まったく描かない「空白の顔」の人物画が、自己概念や性的役割の不明確さを表したりする。これらの特定部分の詳細さと省略の具体例は内容分析で述べるが、繰り返し述べるように、目隠し分析的に1対1の関係で断定するべきではなく、他のサインや他の心理テストとの関係や面接所見などの情報と総合して解釈を行わねばならない。

なお、例えばTシャツを着た人物を描き、首とシャツを区分するラインを描きながら、手首とシャツを区分するラインを描かないなど、描かれた人物画の「必要なラインの欠如」（図3－1では左手首とシャツを区分するラインが欠如している）は、①注意力の散漫、②現実吟味力の喪失を表し、精神障害者の人物画にはかなり生じる。

さらに、描画の時間が十分にあっても描画を完成しようとしない「不完全な人物画」は、上述のように、不完全な部分の象徴する所を検討しなければならないが、①低い達成欲求、②逃避傾向、③抑うつ気分、④意欲の減少を表すことがある。

14 そ の 他

このほかにも、形式分析に該当するサインが幾つかみられる。

被検者によっては、図4－2のように、描画像の下の方に単線で「地面の線」を描く者もいる。人物画で単線の地面の線を描く者は比較的少ないが、児童や幼児には約8％生じている。「地面の線」を描くのは、被検者がなんらかの点で不安定感を抱いていて、自分が頼れる枠組を作ろうとしていると考えられる。したがって、①安定性を求める欲求、②他者の指示や保証を求める欲求、③依存性の強さを表すことが多い。描かれた人物がスケートをしていたり、自転車に乗っていたりする絵などでも、地面の線が描かれ、同じ傾向を示している場合がある。なお「右の方が高くなった地面の線」は、①未来に期待を持っていたり、②将来に対して努力させられていると感じていたり、③現実を肯定的に眺めていたりすることを表して

図3−18

いる。「左の方が高くなった地面の線」は、①未来に危険を感じ、過去に退行する傾向や、②現在、自分が拠り所とするものが崩壊する不安を表すという研究者もいる。また「左右に下がっていく地面の線」は、①自分が孤立している感情、②母親への依存、③自己顕示性、④露出傾向などを表すといわれている。

また、既述の対称性などにも関連するが、描画像の各部分の比率や、対称性などから、描かれた人物画に「バランスの欠如」を感じる時がある。このような描画は精神の安定性を欠き、葛藤を持っている被検者に多く、著しくバランスを欠如している人物画は、現実吟味力を失っている者に多くみられる。バランスの欠如は、時にある部分や絵全体が「歪曲」となり、その領域の象徴するものへの葛藤や対人関係の歪みを表したりする。

図1−2もそうであるが、図3−18のような「図式的な人物画」や「棒状の人物画」は、①自分の姿を表そうとしない防衛的な態度、②硬いパーソナリティ以外に、③現実感の喪失を意味することがあり、統合失調症や退行した状態にある人にも生じやすい。

図3−18や図3−4のように、描いた人物画に「文字」や「文章」を記入することは通常みられないが、統合失調症者の人物画ではかなり生じる。

さらに形式分析というよりも内容分析に該当するが、HTPPテストのいずれの課題の描画にも描かれる内容として、「太陽」を描いたり、「風雨」の状態など、「自然・天候」を付加する場合がある。通常、「太陽」は、①力（権威）や、②父親（英雄）を、「月」は、①愛情や、②母親（保護者）を、「雲」は不安を象徴するといわれている。また「風雨」などの天候状態

は、被検者が他者や環境に抱いている感情を表しやすいが、人物画テストで「自然・天候」が描かれることはまれである。

第4章 内容分析

1 最初に描く人物の性

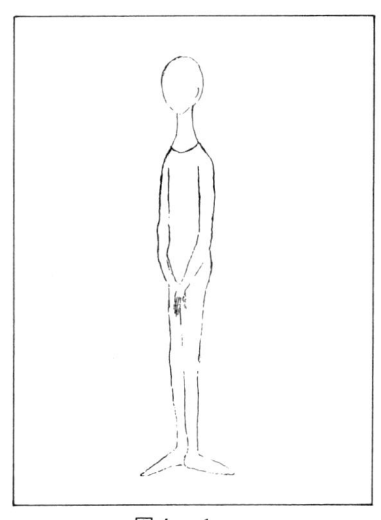

図4-1

多くの被検者は人物画テストにおいて、最初に描く人物として、自分と同性の人物を描く傾向がある。しかし、思春期から青年期後期の被検者では、異性の人物を描くことも多く、筆者らの今回の資料によっても、男性の6.0%と女性の24.8%の者は、異性を先に描いている。1974年当時の筆者らの資料でも、大学生の男性の8.8%と女性の14.6%は異性を先に描いていて、女性の被検者は男性の被検者よりも異性像を先に描く傾向があった。したがって青年期の女性が異性像を先に描くのは、男性の被検者の場合に比べて、それほど問題とならないことに注意して解釈を行うべきであろう。

異性像を最初に描くのは、①幼稚園の女児よりも男児の方に多く、これが母親を表しているように、青年や成人でも、重要な人物が異性である場合（異性の親への愛着や、恋人や配偶者への思慕や、異性の先輩や教師への関心など）、②異性全体への性的関心が強い場合、③異性への依存、④性の同一化や性的役割に混乱がある場合（異性に自分を同一化する同性愛のようなこともある）のことが多い。なお人物画テストにおいて、「男と女のどちらを描くのですか」と質問したり、図4-1のような性別の判明しない人物を描

き、「別に男女を意識しなかった」と述べたりする被検者の場合も、上述の意味を有している。異性像を先に描いたからただちに問題があるとはいえず、他のサインなどを検討しなければならないが、多くの研究は、性犯罪者、同性愛者、アルコール依存症者、薬物嗜癖者、精神障害者が、そうでない被検者に比べて、異性像を先に描くという報告をしている。

2　漫画的あるいは抽象的・図式的な人物画

　図1—1、図1—2、図3—18のような漫画や抽象的・図式的な人物画や、「へのへのもへじ」の顔を描いたりする被検者は、テストに対する自己防衛的態度や敵意や警戒心を表すことが多いので、人物画テストを行う目的を十分に説明したりして、ラポールを形成した後に、再度このテストを行うことが望ましい。しかしこのような人物画を描く者は、①人間関係に不安を抱いていたり、②自己概念（自分についての考え方や見方）があいまいであったり、③他者への敵意を抱いていたり、④人間関係を回避しがちのことが多い。こうした描画をする被検者の多くは、男女二つの人物画を同じような様式で描くが、中には異性像だけや同性像だけを漫画的あるいは抽象的・図式的に描く者がいる。前者は、①異性への拒否的態度、②性的関心を表し、後者は、①自己を表すことに著しく防衛的であったり、②自己概念があいまいな場合が多い。また異性像や、時には同性像を描くことを拒否する被検者もいるが、同じ機制によると考えられる。

3　人物画の両性像のサイズの差

　人物画のサイズが自尊心や活動性などを意味することは、形式分析で述べた通りである。かつての筆者らの調査によると、被検者の性別に関係なく、被検者の約半数の者は、男性像と女性像をほぼ同じサイズで描いている。残りの半数についてみると、被検者の性別に関係なく男性像を女性像

よりも大きく描く傾向がみられ、とくに男性の被検者は男性像を大きく描く傾向があった。今回の筆者らの調査の結果は表4－1の通りであり、1974年当時と同様の傾向を示していた。

表4－1　人物画のサイズの差

被検者	男性像＞女性像	男性像≒女性像	男性像＜女性像
男 （200人）	43.3%	45.9%	10.8%
女 （439人）	35.7%	48.7%	15.6%

　この理由として一般に男性の方が女性よりも身体が大きいからとも考えられるが、また、現在のわが国が今なお男性優位の文化構造を持っていることが影響している可能性もあろう。

　いずれにせよ、異性像を目立って大きく描いたり、小さく描いたりする被検者は、①性の同一化や性的役割の混乱や、②異性への強い関心があると考えられ、その理由を考察する必要がある。

　例えば、著しく大きいサイズの女性像を描く男性の被検者が、①同性愛傾向を表したり、②女性への尊敬や恐れを抱いていたりする。そして著しく大きいサイズの女性像を描く女性の被検者が、①女性の優越性を主張したり、②女性性を拒否して男性の役割を取ろうとしたりする可能性もある。また家庭内で、父親よりも母親の支配力が強いと感じている児童が、女性像を大きいサイズで描くこともみられる。さらに著しく小さい女性像を描く被検者は、男性が支配力を持ち、女性は感じやすく、弱い存在であると思っていることがある。

4　人物画の性差の表現

　筆者らの人物画テストでは被検者に同性像と異性像の二つの課題を描かせるが、通常の被検者は両者の性差を適切に表現する。人物画の性差を適

切に表現するには、パーソナリティが成熟し、性的同一化が完成され、自分の性的役割を確実に体験していることが必要である。通常、5歳ぐらいまでの幼児は、言葉として男女の性別をいうことができても、描画能力が不十分であり、性的役割も十分に体験されていないために、男性像と女性像の性差の表現があいまいで、人物画に性差を表現することが困難である。また年齢的に成長していても、心理・性的発達が遅れている知的障害者や、未成熟な状態に退行している精神障害者は、人物画の性差を適切に表現できない。研究者によっては、人物画の性差の表現を4段階あるいは5段階に分け、年齢とともにどのように変化するのか、不適応状態にある人がどの段階の表現を行うかを調べた者もいる。例えば、同年齢の児童が描いた人物画の性差の表現を検討し、少年よりも少女の方が性差をより明確に表現することから、少女の方が自分の性的役割を早く意識すると結論した研究もみられる。

(1) 性差を表現する特徴

多くの被検者が人物画に性差を表現する特徴について、筆者らが調査したところでは、A)身体の特徴、B)衣服の特徴、C)姿勢の特徴に性差が示されていた。

A 身体の特徴

顔全体の様相(表情)……以下の身体の特徴の組み合わせによるが、いわゆる男性らしい顔や女性らしい顔であり、顔全体の描き方から受ける印象に基づいている。

頭髪………………………身体の特徴で最もよく用いられる性差の特徴であり、男性像では頭髪が短く、女性像では頭髪を長く描く。

ヘアスタイル……………頭髪だけよりも詳細な性差として、男性像では七三に分けたり、女性像ではウェーブをかけた様子や編み上げた様子を描いたりする。

顔の輪郭…………………男性像では角張った印象を与えるように描き、

女性像では細めに描いたりする。
まゆ毛‥‥‥‥‥‥‥‥‥‥男性像では太く、藪のように描いたり、両端を上げて描き、女性像では細く、半月形に、ていねいに修正したように描く。
目‥‥‥‥‥‥‥‥‥‥‥‥男性像では大きく、きびしい目つきに描いたり、女性像では細く、やさしい印象を与える目つきに描いたりする。
まつ毛‥‥‥‥‥‥‥‥‥‥男性像に描くことはまれであり、女性像に描かれることが多い。
鼻‥‥‥‥‥‥‥‥‥‥‥‥男性像では、いかつく描く。
しわ‥‥‥‥‥‥‥‥‥‥‥男性像では鼻から口にかけてのしわ、まゆ毛の間のしわなど、顔のしわを描く。老人の女性像でもしわは描かれる。
唇‥‥‥‥‥‥‥‥‥‥‥‥女性像ではまるみをおびて描き、口紅をぬった状態を描く。
ひげ‥‥‥‥‥‥‥‥‥‥‥男性像で口ひげ、あごひげなどを描く。
手足の毛‥‥‥‥‥‥‥‥‥男性像に描かれる。
体型‥‥‥‥‥‥‥‥‥‥‥以下の組み合わせによるが、全体としても男性像ではがっちりした体型に、女性像では細めに、やわらかい印象を与えるように描く。
肩‥‥‥‥‥‥‥‥‥‥‥‥男性像では肩をいかつく角張って描き、女性像ではまるくなだらかに描く。
筋肉‥‥‥‥‥‥‥‥‥‥‥男性像では手足や胸の筋肉を描く。
乳房と胸部‥‥‥‥‥‥‥‥女性像で乳房のふくらみを描いたり、乳房の存在を暗示して描く。
ウェストライン‥‥‥‥‥‥女性像で細く描く。
臀部‥‥‥‥‥‥‥‥‥‥‥女性像でまるく大きく描く。
生殖器‥‥‥‥‥‥‥‥‥‥裸体像の人物画に、男女の生殖器を描くことがまれにみられる。

B　衣服の特徴

ズボンとスカート‥‥‥‥‥衣服の特徴の中で最もよく用いられる性差の特

第4章 内容分析

徴である。ただしジーンズは男女両用のものであり、性差を表す特徴とはならない。

パンタロン………………女性像に描かれることが多い。しかしラインにまるみがあるとか、裾が広がっているなど、ズボンと区別できるように描かれていない限り、性差を表す特徴とはならない。

シャツとブラウス………えり、肩、そで口、ボタンの形、まるみなどでカッターシャツとブラウスを区別して描く。

その他の衣服……………男性像では背広、学生服、野球などのスポーツ服、医師の白衣などの作業服、羽織・はかまなどを描き、女性像ではスーツ、ブラウス、ワンピース、看護婦の制服などの作業服、セーラー服、婦人の着物を描く。

衣服のデザイン…………衣服に花模様を描いたり、ブラウスにふくらみをつけたりして、衣服のデザインや模様によって性差の特徴を表す。

ネクタイ…………………衣服の特徴の中でズボンに次いで、男性を表す特徴として描かれる。

帽子………………………男性像では野球帽、作業帽、中折れ帽、学生帽を、女性像では婦人帽、看護婦帽などを描く。

リボン・かんざし・くし……女性像のおもに頭髪のアクセサリーとして描く。

アクセサリー……………女性像でイヤリング、ネックレス、ブレスレット、指輪などを描く。

眼鏡………………………男性像に描かれることが多く、男性が通常使う形の眼鏡である。

マニキュア………………女性像で手の指のマニキュアや、足の指のペディキュアを描くことがある。

靴…………………………男性像で野球靴、女性像でハイヒールなど、男女の特徴を表す履き物を描く。

所持品……………………男性像で鞄、工具などの職業上の道具、煙草、

野球道具、捕虫網などを描いたり、女性像でハンドバッグや買い物かごなどを描いたりする。

C　姿勢の特徴

　腕の組み方………………男性像で腕を上げたり、肘をはったり、女性像で腕を下げたり、身体の前でそろえている状態を描く。

　歩き方……………………男性像で大きく足を開いて歩いている状態を描いたりする。

　座り方……………………男性像で大きく足を開いた様子を描いたり、女性像で足をそろえたり組んでいる状態を描いたりする。

(2) 性差を表現する段階

　筆者らが性差を表現する段階を決定するには、被検者が人物の性差に注目し、上述のような性差を表現する特徴をどのように用いて、男女の性差を表現しているかを判断している。この時、描画の上手下手や特異性を取り上げず、また、この場合に限って、ＰＤＩを参考にしないことにしている。実際の臨床場面で、上記のような性差を表現する特徴の有無を詳細に検討して、性差の表現段階を決定することは時間的に困難なことが多い。また各段階の中間に存在する人物画も多く、性差を表す段階の決定は必ずしも容易でなく、多くの人物画を取り扱った臨床経験が必要となる。筆者らはまず次のような５段階に分け、考察の出発点としている。なお図４－２から図４－６までの性差の表現段階を表す人物画は、いずれも左側が男性像で右側が女性像である。

第１段階（性差が不明の絵）

　二つの人物画の間に明白な性差を示す特徴がなく、両方の人物がほとんど同じように描かれている段階である。この段階には次のような人物画がみられる。

　①人間像としてもあいまいであり、性別がまったく分からない場合。

第4章　内容分析

②両方の人物を輪郭だけで描いたり、棒状に描いたり、図4-2のような性別不明の裸体像を描いたりする場合。
③両方の人物か、どちらか一方の人物に、頭髪などの身体の部分や衣服を描いてはいるが、男女のいずれの特徴とも取れ、両方の人物とも男女のどちらであるかを判断できない場合。

第1段階の中の①は、幼児以外では知的障害者や精神障害者によって描かれ、健康な成人の被検者が描くことはない。第1段階の②や③の人物画は、自己を表現しようとしない防衛的態度の強い被検者や、人間関係に問題を持つ被検者が描くことが多く、また性的同一化や性的役割の確立が不十分なことを示している。

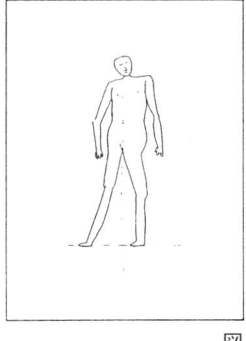

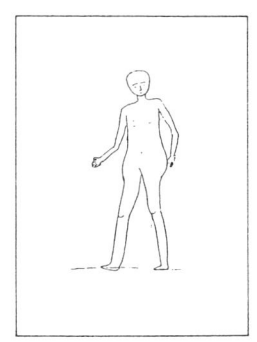

図4-2

第2段階（性差の特徴を1～2用いて、性差を少し表現している絵）

図4-3のように、二つの人物画にきわめてわずかの性差が認められる段階である。この段階の人物画には、1～2の性差の特徴が認められるだけであり、その他の身体の特徴や衣服の特徴や姿勢の特徴がほとんど描かれていない。この段階の人物画としては、次のようなものがある。

図4-3

①頭髪の長短だけで、男女を区別している場合。しかし、ヘアスタイルの推敲やリボンなどの装飾が加えられていない場合。
②頭髪の長短に加え、ズボンとスカートだけで男女を区別している場合。しかしズボンも、ただズボンの形が単純に描かれるだけであり、またスカートもフレアーやギャザーなどのデザインの特徴や装飾がまったく施されていない場合である。

なお次の場合も第2段階とする。

③棒状や輪郭や裸体として描かれた人物画で、頭髪の長短、乳房の有無、生殖器などで男女を区別している場合。
④一方の人物の性別を明白に描きながら、他方の人物を輪郭だけや棒状に描いたりして、ほとんど修飾しない場合。
⑤性差の特徴を多く用いているが、二人とも同じ性としか判断できない場合。

第2段階の人物画も年齢相応に成熟した、健康な精神状態の成人の被検者が描くことは少なく、性的役割を確立していないことが多い。

第3段階（性差の特徴を数個用いて、性差をかなり表現している絵）

図4−4のように、第2段階に比べて性差がかなり明白になり、頭髪の長短の違いや、ズボンとスカートの差異やネクタイだけの差異以外に、表情、体型、姿勢や衣服の特徴に違いがあり、性差を表す特徴を数個用いている。しかし、次の第4段階や第5段階と異なり、男女の性差の特徴が明白だとは断定できない。

この段階の人物画としては次のようなものがあ

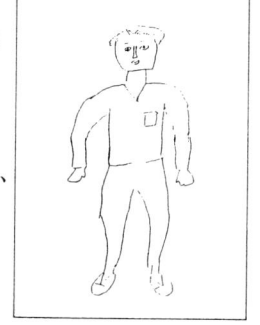

図4−4

第4章 内容分析

る。
①頭髪の長短以外に、ヘアスタイルを考慮したり、リボンやかんざしなどの装飾を加えている場合。
②ズボンにベルトやバックルをつけたり、スカートにフレアーや模様を描いている場合。
③シャツとブラウスを区別したり、模様を入れている場合。
④鞄やハンドバッグなどの所持品に、男女の性別を表したり、ハイヒールの靴で女性を示している場合。
⑤身体の特徴として目やまゆの形やまつ毛や、乳房の暗示やウェストラインなどに差異がみられる場合。

第4段階（性差の特徴を多く用いて、性差を明白に表現しているが、一方の人物像の性別がややあいまいな絵）

性差を表す特徴を数多く用いており、ネックレスをつけたり、制服姿を描いたり、男女の性別を推敲して描き、詳細かつ明白に描いているので、二つの絵を並べると男女の性を容易に区別できる。しかし両方の人物像を比べると、一方の人物像の性の特徴が、より詳細にまたはより明白に描かれていて、他方の人物像のみを単独に見た場合、図4－5のように、その性別がやや判断しにくい人物画である。

図4－5

第5段階（性差が明白に表現されている絵）
第4段階と同じように、男女の性差の特徴を明白に描いているばかりで

なく、それぞれの人物画を単独に見ても、容易に性別を判断できる。図4－6のように、両方の人物像のどちらを単独に見ても、男女いずれかの性であることが明白であり、性差が明確に示されている。

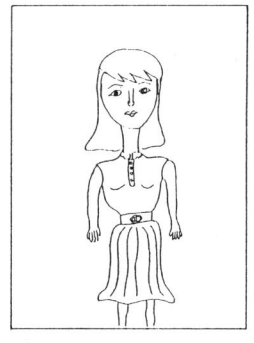

図4－6

　性的役割の分化した人や精神的に健康な人は、一般に第4段階や第5段階の絵を描くようである。筆者らが健康な被検者206人（男96人；平均年齢22歳、女110人；平均年齢23歳）について検討したところ、表4－2のように50％以上の者が第5段階の絵を描き、男女間に有意差はなかった。

表4－2　性差の段階尺度の出現頻度（健康な被検者）

段階	I	II	III	IV	V	計
男	4.1%	8.3%	6.3%	24.0%	57.3%	100.0%
女	4.6%	12.7%	12.7%	16.4%	53.6%	100.0%
計	4.4%	10.7%	9.7%	19.9%	55.3%	100.0%

　これに対し、精神障害者151人（男83人；平均年齢31歳、女68人；平均年齢31歳）では、表4－3のようになり、健康な被検者群と精神障害者群との間には1％水準で有意差がみられ、精神障害者が低い段階に判定される者が多かった。

表4－3　性差の段階尺度の出現頻度（精神障害者）

段階	I	II	III	IV	V	計
男	31.3%	27.7%	12.0%	15.7%	13.3%	100.0%
女	11.8%	44.1%	8.8%	19.1%	16.2%	100.0%
計	22.5%	35.1%	10.6%	17.2%	14.6%	100.0%

第4章 内容分析

5 主　　題

　人物画で描かれる人物の主題は、被検者とほぼ同年齢で、被検者と同じ生活環境に住む人物のことが多い。主題はさまざまな方法で分類することができる。例えば、①描かれた人物画やPDIによって、年齢から、幼児、児童、青年、成人、老人、年齢を推論できない人物に分けられる。また、②服装の有無から全裸、半身裸体、下着や上着の着用に分けられ、③服装の種類から洋服、和服、制服（学生服・セーラー服も含む）とか、スーツ、スポーツ・ウエア、ワンピース、ツーピース、パンタロン、ジーンズなどの着用にも分けられる。さらに、④現実の人物と過去の人物や空想された人物にも分けられるし、⑤一般的か、一般には描かれない人物かにも分けられる。

　人物画テストで、多くの人物画を眺める経験を積むと、多くの被検者が一般に描く主題と異なり、通常描かれない主題の人物画や、奇妙な印象を

図4－7　　　　　　　　　　図4－8

与える主題の人物画や、象徴的な意味を持つような主題の人物画に気づくものである。統合失調症者が描いた図4－7と図4－8、境界例の人格障害者が描いた図4－9はその一例であり、珍しい主題の人物画である。多くの被検者が描かない主題の人物画であるから、ただちに問題があるとはいえないが、被検者がそのような主題を選んで描いた理由を尋ねたり、考察を行うことを忘れてはならない。

図4－9

6　顔と頭の部分

　顔にある目と耳と鼻は、人が外界や人間関係から情報を受け取る器官であり、口は食物を体内に取り入れる器官である。さらに頭に存在する理性や知力によって、人は外界からの刺激や情報を処理し、適切な反応の仕方を判断していく。したがって人物画の顔と頭の部分は、①理性と知力を象徴し、②さまざまの衝動を統制する自我を象徴すると考えられる。さらに顔と頭の部分は外界から入ってくる情報に対する態度を示すので、③他者への親和・愛情・敵意・拒否などを表し、④自分の知力や統制力を含む能力をどのようにとらえているかという、被検者の自己概念を表すと考えられている。

　幼児が人物画を描き始める時は、まず顔を描くし、人物画テストにおいて、ほとんどの人は顔から描きはじめる。顔を後で描く被検者は、①人間関係に過敏であったり、②人間関係に回避的であったり、③他者に猜疑心

第4章　内容分析

を抱いていたり、④自分の知力や統制力に自信がなかったり、⑤自己概念が十分に形成されていないことを表しがちである。また、この部分にとらわれて大きく描いたり、過度に詳細に描いたりするのも、上の傾向を直接的に表したり、防衛的に表していたりすることが多い。

7　頭

上に述べたように、頭は知力の源であり、衝動を統制する自我の存在する所であり、頭を含んだ顔は、たえず人目にさらされている身体の部分である。したがって人物画の頭は、①知能、②空想、③自己統制、④対人関心などを象徴すると考えられている。図4－10や図3－5のように、頭部をまったく省略して描いたり、他の部分と比べて十分な推敲をしないで軽視して描いたりするのは、①知的生活への無関心、②自信欠如、③人間関係の回避などを表している。

おおまかにいって、成人は大体6頭身に近い人物画を、幼児は大体4頭身に近い人物画を描いている（表2－1参照）。人物画の頭を含んだ顔を大きく描いたり強調したりするのは、①知的要求が強かったり、②空想生活を重視したり、③精神の重要性を無意識のうちに強調したり、④人間関係を重視したりすることを表している。もっとも他のサインとの関係から反対に、⑤知的劣等感を表したり、⑥自己中心的で人間関係の回避を象徴することもある。

しかし図4－11や図4－13のように、成人でありながら幼児が描くような過

図4－10

図4－11　　　　　　　　図4－12

度に大きい頭の人物画を描くのは、①知的障害者や精神的に退行した状態の人に多く、②頭痛に悩んでいる人であったり、③器質障害者であったりする。さらに自我を拡大させようとする人も、頭を含む顔の部分を大きく描く傾向がある。すなわち、①自己愛傾向の強い人、②知的に自己を顕示しようとする人、③猜疑心の強い妄想傾向のある人などの可能性もある。被検者の中には異性の人物像の頭を著しく大きく描く者がいるが、マッコーバー (Machover, K.) は、頭が大きく描かれた方の性が、より知的で社会的権威を持つ存在として被検者に認知されていると述べている。

また図4－12のように、頭を含めて顔を小さく描くのは、①知的劣等感、②無力感、③自我の弱さを表し、④自分にとって苦痛となる考えや罪責感や衝動を強迫的に否定しようとする傾向を示すともいわれている。筆者らは、大体8頭身以上の場合を、小さい頭と判断している。なお思春期の女性が描く女性像の頭部が小さいのは、彼女達の理想像としてのスタイルのよさを表す場合が多い。

頭部の輪郭線を何度も描いたり、頭部だけを濃く描いたり、強い筆圧で

描いたりして、頭を含む輪郭線を強調するのも、顔を小さく描く場合と同じように、自分を混乱させる空想、強迫観念、幻覚などを抑制し、自分の統制力を維持しようとしていることが多い。また頭を含む顔の輪郭線が不規則であり、歪んだ顔になっているのは、①器質障害者、②精神障害者の可能性が強い。例えば、図4－13は、頭部外傷により知能が低下した32歳の被検者が描いた男性像であり、頭を含む顔の輪郭線の強調がみられる。

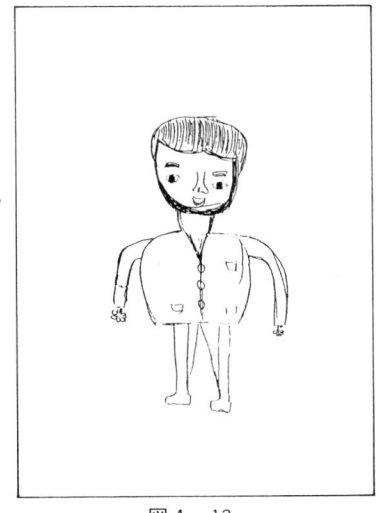

図4－13

またパースペクティブの所で述べたように、人物画が正面を向いているか、横や後ろを向いているかは、被検者の人間関係への態度を知るのに重要である。既述のように、人物画テストでは頭の「正面向き」の人物が通常描かれ、①率直さ、②自己表出、③可塑性の欠如などを表し、頭が「後ろ向き」の人物は、①逃避傾向、②拒否的態度、③引きこもり傾向を表し、①逃避的な性格の人、②分裂気質の人、③妄想傾向のある人などに生じやすい。さらに頭が「横向き」の人物は、「後ろ向き」よりも程度は少ないが、同じように、①逃避的態度や、②引きこもり傾向を表している。

8　顔

　顔は人間の身体の中で最も目立つ領域であり、他者とのコミュニケーションの中心となる部分であるから、人物の顔の描き方は、被検者が自分自身や他者をどのように知覚し接触しているかを表している。既述の全体的評価で、受け取る全体的印象の一部は、顔の表情からも得られるので、

検査者は描かれた顔の表情からどのような印象を受けるかに注目し、愛情、好意、明るさ、内気、敵意、猜疑心、反抗、暗さなどが表現されているかどうかを判断しなければならない。例えば、描かれた人物が手のこぶしを強く握っていたり、ピストルを持っていたりして敵意を表していても、顔に敵意の表情がみられなかったり、温和な表情の顔に描かれている時は、人間関係でのあつれきを避けて、敵意を抑圧していると考えられる。

他の部分と比較して表情をていねいに推敲して描くのは、①自分の外見や人間関係に過度の関心を抱いていたり、②自分の不適切感や弱さを補償して他者への支配欲求や攻撃性を表そうとしたり、③反対に支配欲求や攻撃性を抑圧して表そうとしなかったりする者に多い。

他方、表情の感じられない顔を描くのは、①表面的な人間関係しか持てなかったり、②引きこもり傾向が強かったり、③臆病であったり、④他者に対して警戒的であったりする。また、人物画のどちらか一方の人物だけに表情を描かない時は、被検者がその性の人物に対し、①明確な考え方を有していなかったり、②なんらかの葛藤を抱いていたりする。

とくに目・鼻・口などがない図4-14のような「空白の顔」を描く者は、上記の傾向が強いことを表している。そして男性像と女性像の両方の人物に「空白の顔」を描くのは、上記の傾向に加えて、①自我同一性が確立されていなかったり、②性的同一化があいまいであったりするために、③性的役割が不明確であり、④他者と適切な人間関係が持てず、警戒心や逃避傾向が強いことを表している。

被検者の中には、鼻から唇にかけての「しわ」の線や「額のしわ」の線な

図4-14

ど、被検者の多くが顔に描かない線を描く者がいる。これは情緒的成熟に関連したサインと考えられる。これが被検者の自己像として、そう思っている現実像なのか、そうありたいと望む理想像なのか、あるいは被検者にとって重要な人物に対する認知なのかなどは、繰り返し述べるように、目隠し分析だけでは決定できないので、他の情報との関連で推論しなければならない。しわの中でも「額のしわ」の線は知的な要求を示すといわれている。

また図2－4のような「顔の傷」を描くのは、①自尊心の欠如、②心的外傷の存在を表していることが多い。

なお「顔の形」を「角張った形」と「卵型の形」に分けることも可能である。前者は通常、①男性性、②支配欲求、③権力追求などを、後者は、①女性性、②感受性、③従属性を表すと考えられている。

さらに「横向き」の顔を、額や後頭部をふくらませて大きく描いている場合、被検者が知的能力に関心を抱いていることを象徴すると述べている人もいる。

9　目とまつ毛

目は人間の内面生活を表す「心の窓」であるばかりでなく、外界からの情報を取り入れる器官であり、他者と接触する時の最も大切な身体の領域である。顔の他の部分を描きながら目を描くのを忘れたような「目のない顔」や、「閉じた目」「単線だけの目」「十字の目」「長く黒く塗った目」「まるく黒く塗った目（大きい目と小さい目がある）」、図4－12のような瞳孔のない「輪郭だけの目」や「円で描いた目」などは、幼児ではとくに問題とならないことが多い。しかしこれらが成人にみられる時は、①未成熟性、②強い自己愛、③引きこもりなどの内向性、④空想生活への逃避、⑤外界への敵意、⑥不快なことを回避しようとする傾向などを表している。時に「目のない顔」を描く者が、①幻視を経験していたり、②自分の窃視傾向

図4—15

図4—16

に罪責感を抱いていることがあったりする。

さらに図4—29のような帽子や眼鏡で「隠された目」は、①不快な刺激を避けようとする欲求、②外界への猜疑心、③敵意を表し、心因性視力障害者や対人恐怖を持つ者によって描かれたりする。

図4—15は恐喝を繰り返す非行少年の描いた女性像であるが、この絵や図3—7や図4—24のように目を著しく大きく描いたり、目の輪郭を強調して描いたり、何度も推敲したりするなど、「強調された大きい目」は、①猜疑心、②警戒心、③好奇心、④関係念慮、⑤敵意、⑥不安を表し、①妄想傾向のある人、②他者を気にしすぎる人、③神経症の人などが描きやすい。かつて筆者らが調査した所では、青年期の女性の方が男性よりも大きい目を描く傾向があり、既述のスタイル画と関連しているようである。

また反対に図3—6のような著しく「小さい目」は、外界を見ようとしないことを象徴するので、①内向性、②自己への没頭、③窃視傾向の抑圧などを表しやすい。

さらに描かれた目が検査者に与える印象も大切であり、「軽蔑したよう

な目」や、男性の統合失調症者が描いた図4—16の女性像のような「人を刺すような目」は、「より目」と同じように外界への敵意を表すことが多い。

まつ毛は図4—15や図4—24のように、通常女性像に描かれ、①女性性、②他者の注目を得ようとする欲求、③華美を求める欲求などを表している。男性像に「まつ毛のついた大きい目」を描くのは、同性愛者の可能性があるといわれている。

10 まゆ毛

「まゆ毛」は、①男性性と女性性、②みだしなみを表すと考えられている。ていねいに描かれ「整ったまゆ毛」(図3—16参照)は、①注意深さ、②外界への配慮、③洗練された身づくろいのよさを反映し、「もじゃもじゃのまゆ毛」は、①未熟、②粗野、③抑制の欠如を表している。また「上方に上がったまゆ毛」(図2—5参照)は、①批判的態度、②軽蔑、③自尊心を表し、「しかめたまゆ毛」は外界への敵意を示している。

幼児はまゆ毛を描かないことが多いが、成人の描く人物画での「まゆ毛の省略」は、①自己愛傾向、②慣習の無視を表すようである。

11 鼻

児童の人物画では、一般に鼻を強調して描く傾向がある。鼻は力や男根を象徴すると考えられている。したがって鼻を描くのを省略したり、描くのをためらったり、「大きい鼻」を描いたりするなどは、①力についての葛藤があり、②権力や支配への欲求、③無力感を表したり、④性についての葛藤やそれに伴う、⑤性的な不安全感(去勢不安や同性愛傾向)の可能性を示したりする。

なお人物画テストでの多くの鼻は「L字型」に描かれるが、とくに鋭角

図4−17

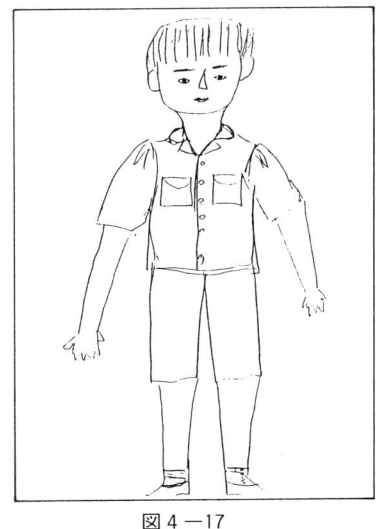

を強調しているのは、力を求める攻撃性を象徴することがある。研究者によっては、「濃く描いた鼻」や「欠けた鼻」が、①自慰、②去勢不安に関連するという者もいる。

また「かぎ鼻」や「幅広い鼻」は、①男性的な力、②悪意を表すといわれている。図4−6のような「長い鼻」は、①攻撃性、②優越への欲求、③活動性を表し、「直線の鼻」「三角形の鼻」「二つの点で示した鼻」「半円の鼻」などは、①幼児性、②依存性、③無力感を示している。

なお通常の成人が、図4−17のような幾何学図形の「三角形の鼻」を描くことはないので、これは未成熟性を表し、とくに顔の他の部分と比較して奇妙な印象を与える場合は、①精神的に退行している精神障害者や、②知的障害者の可能性が大きい。

「鼻孔」や「小鼻」を強調して大きく描くのは、①幼児的な攻撃性、②欲求不満、③怒りの感情、④権力への軽蔑などを表すようである。

12 口 と 唇

口は食物を受け取る受動性と、かむという攻撃性の機能を持つ器官である。また口は言葉によって他者とコミュニケーションを行う器官であるし、性的な意味も象徴する。

口を描かない被検者はめったにみられず、「口の省略」は、①愛情欲求の拒否、②依存欲求の拒否、③性欲求の拒否、④引きこもり傾向、⑤抑うつ気分、⑥攻撃性に対する罪責感などを表している。また「小さい口」や

第4章　内　容　分　析

「小さい円形の口」はこの傾向がやや少ないが、同じように、①依存欲求の拒否、②攻撃性の否認、③抑うつ気分などを表すと考えられている。しかし図4―18のように「大きい円形の口」は、次の「大きい口」と同じように、依存欲求を表しがちである。

　「大きい口」は、①退行した状態、②未成熟な精神状態、③依存性、④言語的な攻撃性、⑤口唇的性愛（口唇の快感に固着すること）などを表し、①アルコール依存症者、②口唇的性愛者などにみられやすいといわれている。そ

図4―18

して「硬く閉じた口」を描くのは、①自己を暴露することの拒否、②敵意の抑圧を表しやすい。

　「単線の口」は、受動的な形での、①敵意、②批判性、③怒りを示しやすく、「単線の長い口」を描く人は、①敵意が強かったり、②言葉で他者を攻撃しようとする欲求を抑えていたり、③他者から拒否されていると感じていたり、④退行状態にある人の可能性が強くなる。しかし、強い筆圧で適度の長さの直線のラインを横に引いた「単線の口」は、自己主張の強さを表していることが多く、このような口を描く被検者は、言葉で他者を攻撃しようとする欲求が目立つ。

　左右が上がった「半月形の口」はよく描かれる口であり、自分の感情を隠して表面的に微笑するという、外面を装った態度を表すことがある。

　口に関連するが、「推敲された唇」は、①感受性、②性的関心、③依存欲求、④自己愛、⑤虚栄心を表している。男性の被検者が男性像に過度に「推敲された唇」を描くのは、①性的役割の混乱、②女性への同一化、③自己愛傾向の強さを表しやすい。また性的関心が強く、自己顕示性の目立

73

つ少女も「推敲された唇」を描く傾向がある。ペロペロキャンディー・わら・つまようじ・煙草・パイプなど「物をくわえた口」を描く被検者が時にみられるが、①依存欲求、②口唇的性愛、③自己顕示などを表している。

また図4－5や図4－6の女性像のように、「なかくぼみの唇」をていねいに描くのは、①自己愛、②性的関心、③依存欲求の強さ、④他者からの是認を求める欲求、⑤露出傾向などを表しがちである。

13 歯 と 舌

図4－19や図4－24のように歯を描くのは、児童や知的障害者には生じるが、通常の成人が描くことは少ない。「歯」は口唇嗜虐の心理機制を表し、①攻撃性、②嗜虐性、③冷笑的態度、④皮肉な態度を示している。

また時に舌を描く被検者がいるが、「舌」を描くことは被検者の関心が口唇に集中していて、①口唇的性愛や、②依存欲求が強いことを表している。

図4－19

14 耳

外界の情報を受け取る器官として、耳の機能は目よりも受動的であり、女性のヘアスタイルでは耳が隠されることがあり、児童以外の成人でも、女性像に耳を描かないことが時々みられる。他のサインと同じように、耳が、大きさ、形、位置、濃淡、抹消や推敲の仕方などによって強調されている場合、被検者にとって特別の意味を有していることが多い。

図4－6の男性像の「大きい耳」のように、耳を積極的に強調するのは、

第4章　内容分析

①外界への感受性、②他者からの批判への過敏性、③関係念慮、④難聴の悩みなどを表し、①他者に不信感と敵意を抱く妄想傾向のある人、②分裂気質の人、③聴力障害者であったりする。さらに図3―18のように、他のサインから見ても特異な場合は、①関係念慮、②幻聴を表したりする。他方、「小さい耳」や「耳の欠如」は、①他者からの批判の無視、②環境との接触を回避する傾向を表している。

15　毛　　髪

「頭髪」は性や性衝動、あるいは頭に象徴される理性の表れ方を象徴し、「胸毛」や「ひげ」は男性性や男性的衝動を表すと考えられている。

図4―5のように「濃く描いた頭髪」は、①性的関心の強さ、②性衝動を統制できない不安、③理性を適切に統制できない不安、④自分の思考や空想内容への不安を表しがちである。さらに頭髪を波うたせ魅力的に描き、図3―16のように過度に「推敲したヘアスタイル」は、①自己愛、②虚栄心、③自己を誇示する欲求を表し、①過度に女性性を誇示しようとする思春期の女性や、②過度に自己の存在を誇示しようとする男性、③同性愛傾向の男性などに生じやすい。他方、図4―6の女性像のような「空白のままの長い頭髪」は、性について両価的な空想をしていることが多い。多くの人物画の頭髪には多少の濃淡がつけられるが、「空白のままの頭髪」は、①意欲や活力の低下、②抑うつ気分を表しがちである。研究者の中にはこれが、①去勢不安、②性的不適応感を示すと述べる

図4―20

図4−21　　　　　　　　図4−22

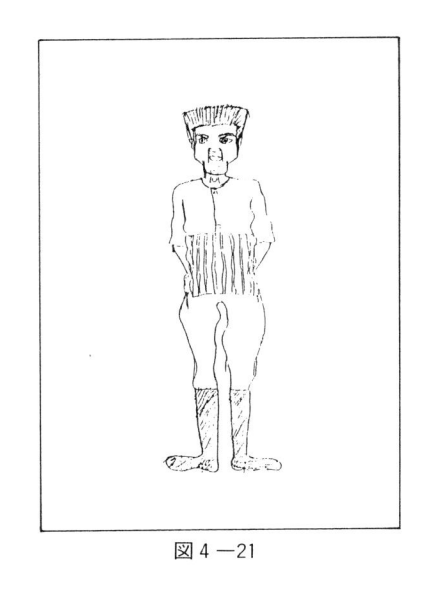

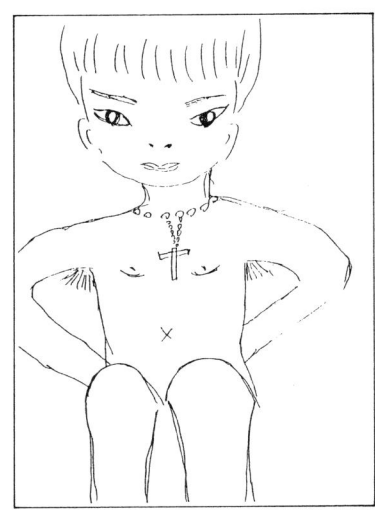

者もいる。

　図4−20のような女性像の「もじゃもじゃの頭髪」は、①衝動の統制力の弱さ、②性衝動、③女性への蔑視を表しやすい。また女性像の「適度に推敲された頭髪」は、性衝動の統制が適度であることを表している。また男性像の「もじゃもじゃの頭髪」は、①衝動の統制力の弱さ、②社会規範の無視、③男性性の誇示を示しやすいといわれる。

　図4−21や図2−5のような「口ひげ」や「あごひげ」などの「ひげ」は、①男性性、②男性的衝動、③力を表し、①自分が未成熟であると感じている人、②自分の男性性について葛藤のある人、③男性性を求める人が描きやすい。さらにこれを黒く描いてあるほど、描いた被検者が男性性や活動力を求めていたり、それらの欠如を補償していたりしている。なお女性の被検者では、男性への敵意を表すことがある。またこれらの「ひげ」をていねいに、こぎれいに描くのは、①性欲求の抑制、②自己愛を表している。

　また図4−22は女性の統合失調症者が描いた男性像であり、このような

「わきの下の毛」や「胸毛」が人物画で描かれることは少ないが、「ひげ」と同じ意味を表している。

16　あ　　ご

あごは意志の強さに関係し、①力、②支配性、③決断力に関連した意味を持っている。

えらが張ったり、突き出した形で「強調されたあご」は、①支配性、②攻撃性、③決断力、④衝動の強さ、⑤弱小感の補償を表している。「横向き」の顔に描かれた「強調されたあご」は、自分に決断力がなく、弱い人間と思いながらも、他者よりも優れた地位につき他者を支配したいという欲求を空想の中に抱いていることがある。

他方、小さく「目立たないあご」は、①社会場面における無力感や不適切感、②心理的・身体的無力感を表しがちである。なお男性の被検者が男性像よりも女性像を大きく描き、かつ女性像に「強調されたあご」を描く場合、被検者の依存傾向や従属傾向の強さを表している。

17　首

首は頭と胴体を連結する部分であり、頭という統制力を伴う理性的な領域と、胴体という衝動や感情の領域とを結ぶ領域である。人物画テストで適度の大きさとバランスの取れた長さの首を描く被検者は、衝動や感情を適切に統制できるといわれている。他方、首を通常と異なるように描くのは、自分の衝動や感情を理性的に統制できないことを表し、両者の間に葛藤と矛盾のあることを示しがちである。幼稚園児の描く人物画に首のない人物画がかなり多いことは、観察力や表現力にも関連するが、上記のことを示すともいえよう。

図4－6の女性像のような「長く細い首」は、①衝動の統制力の欠如、

②身体の弱さについての劣等感、③敵意の存在、④道徳意識の強さを表し、①分裂気質の人、②ヒステリー傾向の人、③嚥下困難な状態や心因性の消化不良の人に生じやすいといわれている。また男性像と女性像の首の長さに著しい差があり、女性像の首を長く描く被検者は、力強い人に依存的であったりする。

「首を描いていない人物画」（図2－9参照）は、既述のように幼児ではよくみられるが、学童期以降では知的障害者や器質障害者以外に生じることは少ない。「首を描いていない人物画」は、①未成熟性、②退行した精神状態、③自己中心性、④衝動の統制力の欠如を表している。そして「横向き」の顔に「まったく首のない人物画」を描く被検者は、適切な統制力を欠き、衝動を統制できないと感じていることが多い。また「単線の首」も、衝動や欲求への統制力の欠如を表すと考えられている。

これらに対し、「短く幅の広い首」（図2－5参照）は、①知性よりも衝動に支配されていたり、②頑固、③粗野、④わがままな傾向を表している。

18　のどぼとけ

人物画で「のどぼとけ」（図4－21参照）を描く被検者は少ない。「のどぼとけ」は、①男性的でありたいと強く求めている男性とくに青年、②自分の性的能力や役割に自信のない男性が描きやすい。

19　腕

腕と手は、外界や自己に働きかけたり、他者と協調したり、他者を愛したり、他者を拒否したり、他者を攻撃するなど、自分自身や自分の身の周りの人や物事を操作したり、変化させたり、統制したりする機能を有している。したがって人物画の腕に関しては、腕が胴体から離れて外界に向かっているか、胴体に密着しているか、力なく垂れているか、組み合わさ

れているか、後ろに隠されているかなどの腕の位置を検討することも大切である。

ケロッグ（Kellogg, R. 1969）は、子供が人物を描く時に腕を描かないのは、未成熟でも描き忘れるのでもなく、腕のない人物画の方がよく見えるからだと述べている。しかし「腕の省略」された人物画は就学後の子供では描かれることは少ない。「腕の省略」は、①無力感、②受動性、③知的未成熟性、④引きこもり傾向、⑤敵意や性欲求の罪責感を表すことが多い。

図4―23の腕のような「翼のような腕」は、就学前の子供にかなりみられる人物画の腕であるが、青年や成人が描く時は、①退行した精神状態を表し、②統合失調症者であったりする。また図4―23のように、腕の部分がなく胴体から手が出ているような絵は、成人の器質障害者が描くこともある。

「細く弱々しい腕」や「単線の腕」を描くのは、①虚弱な身体、②外界に働きかける能力の不適切感、③物事を達成できなかった失敗感を表し、④時には器質障害者にみられる。これに対し、「太く大きい腕」は、①他者に優越したい欲求、②身体的な力への憧れを表し、③積極性や、④攻撃性に関連する。さらに肩との付け根の部分よりも「手の部分が太くなった腕」は、①洞察力の欠如、②統制力の欠如、③衝動性を表している。また図4―25のように「濃く描いた腕」は、①外界の人々や物事と接触していくことへの不安、②罪責感、③攻撃性を表したりする。

「長い腕」は、①成功を求める達成欲求、②身体的な力を求める欲求、③他者からの愛情や注目を求める欲求を

図4―23

示すが、「著しく長い腕」は、①自分の不適切感を補償しようとする達成欲求や、②攻撃傾向を表すといわれている。なお、男性像と女性像を比較して、女性像に「長い腕」を描く被検者は、自分を保護してくれる母親の愛情を求めていることがある。人物画にみられる「短い腕」は通常、①達成欲求の欠如、②無力感、③引きこもり傾向、④依存欲求を表すことが多い。

　腕の位置に関して、多くの被検者は人物の腕が胴体から適度に離れた形で、弛緩した状態に描き、外界や自己との円滑な交流を表している。これに対し、垂直に「胴体に密着した腕」を描くのは、①可塑性のないパーソナリティ、②強迫傾向、③自己を抑制する防衛的態度、④受動性を示している。そして胴体から離れて「水平より上に真直ぐ伸びた腕」は児童の人物画ではかなりしばしば見受けるが、青年期以後の被検者では、①他者と円滑な交流ができなかったり、②深い感情を伴わない表面的な接触をする人であったり、③他者からの支持を求める人であったりする。

　胴体の前で「組んだ腕」は、①外界への拒否的態度、②猜疑心や敵意の存在、③受動的で自己を主張しない態度、④行動化傾向の抑制を表し、胴体の後ろに「隠した腕」は、①自己を暴露することへの防衛的態度、②不適切感、③敵意や攻撃性の抑制、④他者と妥協することの拒否、⑤罪責感（時に自慰に対する罪責感）を表したりする。しかし青年期の女性の場合、こうした意味で「隠した腕」や「隠した手」を描くのでなく、新しいファッションの衣服を着けた女性像に自分の理想像を表したり、美的技巧として紋切り型に腕や手を後ろに回した人物画を描くことがよくあるので、それだけのサインで人間関係を回避していると断言することはできない。

20　手

　手も腕と同様に、外界の事物を取り扱い、人間関係に適応するための器官であり、手も腕と同じような内容を象徴している。人物画を描くに当たり、手を最後に描く被検者は、不適切感を抱いていたり、外界の物事や他

第 4 章　内　容　分　析

者と親密に接触することを避けようとしたり、自分の無力感を隠そうとする人であったりする。

　腕を描いて「手の省略」された人物画（図2―10参照）は、①外界の出来事の処理への無力感、②不適切感、③引きこもり傾向、④敵意や性衝動への罪責感、⑤去勢されたという弱さを表すことが多い。また「薄く描かれた手」は、自分の生産性や社会への適応力に自信がない被検者に生じやすい。既述のように図4―25のような、「濃く描いた手」は、①自分の行動に対する罪責感を表し、その行動は自慰・攻撃・盗みなどであったりするし、②対人関係での不安を示したりする。

　「腰に当てた手」は、①自己愛傾向や、②他者に対する支配欲求を表しがちである。さらに「性器に近い手」（図4―1参照）は、性的関心を表し、①性的に接近したり接近されることへの防衛、②自慰への罪責感を表したりする。

　「ポケットや後ろに隠した手」（図3―2、図4―14参照）は、既述のように、①美的技巧としてファッションの形で描かれることもあるが、②外界と適切に接触できないと感じて逃避的態度を取る自信欠如の人や、③積極性を欠き怠惰な人や、④自慰・攻撃・盗みなど手を使う行為に罪責感を有する人が描いたりする。

　児童は人物の手を大きく描きがちであり、①自分の弱さを補償したり、②外界を操作することへの関心を表している。青年期以降の被検者が著しく「大きい手」を描く場合も、この傾向を示し、①自分の無力感や衝動のために他者と適切に交流できないと感じていたり、②社会的交流が不器用であったり、③力や他者に優越することを求めたり、④行動化の傾向を表すようである。また「小さい手」や「単線で描いた手」は、①無力感、②不安全感、③退行した精神状態を表し、知的障害者や精神障害者が描くことがある。

　なお「手袋」をした手は、情緒を表現することを意識的に避けたり、攻撃性を抑制している可能性がある。

21 指 と 爪

　指は外界の事物に直接触れて操作する器官であり、性的関心や攻撃性を表したり、コミュニケーションの仕方に関連すると考えられている。子供の中には、既述の「翼のような腕」が極端になって、腕や手を省略して、指だけの印象を与える人物画を描く者もいる。成人になって腕や手を省略して指だけを描く被検者は、きわめてまれであり、①退行した精神状態、②攻撃傾向を示している。

　「単線だけの指」は、①子供や知的障害者に時にみられるが、そうでない場合、②攻撃性を表すことが多く、この指を円で囲んで攻撃性の抑制を示すこともある。

　「長く尖った指」も、敵意や攻撃性を表し、とくに図4-24のように指の「爪」を注意して描く場合、敵意や攻撃性が強いと考えられる。このような指が妄想傾向の人に多いという報告もみられる。しかし青年の被検者が女性像にこのような指と爪を推敲して描く場合、他のサインとの関係で、女性への性的関心と敵意の葛藤を表すことも多い。

　「大きい指」や「まっすぐな指」など指の強調は、①敵意や攻撃性、②性的関心を表し、「濃く描いた指」は、①敵意や攻撃性への罪責感、②性的関心に対する罪責感、③盗みへの罪責感を示したりする。

　子供は、図4-13のような「花弁のような指」を描くことがあるが、成人の場合、①不器用さや、②幼稚な精神

図4-24

状態を表している。

　また「握りしめた指」も敵意を表したり、攻撃性を抑制していることが多い。もちろん、どのサインでもいえるように、このサインの解釈も描画の他の特徴との関係で解釈しなければならない。例えば、腕を胴体から離して上に振りあげた「握りしめた指」（握りこぶし）の人物を描くのは、犯罪者や非行少年など敵意を行動化する被検者に多い。しかし腕を胴体に密着させた人物に「握りしめた指」を描くのは、敵意を意図的に抑制し実際に行動化をしない被検者であることが多い。

　図4―10のような「グローブのような指」を描くのは、①攻撃衝動を抑制しようとする意識的な努力や、②退行の機制を表している。また「指を離した手」の形で指を1本ずつ注意深く離して推敲して描く被検者も、①攻撃衝動を抑制し、行動化することを恐れたり、②他者との情緒的接触を回避する引きこもり傾向を表しがちである。さらに「指の関節」を描くのは、①敵意を強迫的に抑制したり、②身体状況に過度の関心を持っていたりすることを示している。なお図4―17のように、指を描きながら、「5本でない指」は、①現実吟味力の欠如、②知的障害を表している。

22　脚　（足）

　脚（足）は人の身体を支持して平衡を取り、人が移動するための器官であり、性に関係した身体の領域でもあるので、パーソナリティの安定性や自律性に関連するし、性への態度をも表しやすい。ほとんどの被検者は脚（足）を直接描かないで、ズボンをはいた男性像やジーンズをはいた女性像では、靴から出た「くるぶし」のあたりだけを描き、スカートをはいた女性像では脚（足）も直接描く。

　人の全身を描くようにという人物画テストの教示にもかかわらず、「上半身の人物画」を描く被検者は、権威やテスト場面への反抗を表す以外に、無意識のうちに脚（足）を描くことを回避している。また全身像を描こう

としながら脚（足）を描かないで、上半身だけを描いて止める者もいる。このような「脚（足）の省略」は、①自律性の欠如、②依存性、③失意の状態、④抑うつ気分、⑤性に関する問題（例えば、性的欲求の否認や去勢不安など）などを表している。被検者の中には「最初に脚（足）を描く者」もいるが、①抑うつ気分、②無力感を示しがちである。また「濃く描いた脚（足）」は、①自律性に関する葛藤、②性的欲求の葛藤や抑圧、③同性愛傾向を表しやすい。

「長い脚（足）」は、①安全感、②自律性、③男性性、④去勢恐怖などに関連している。この場合、たんに長いだけでなく、「太くて長い脚（足）」は、このような欲求を充足していることを示し、「細くて長い脚（足）」は、①②③の欲求の充足を求めていることを表し、とくに弱々しく不安定な印象を与える時は、その傾向が強い。他方、「短い脚（足）」や「曲がった脚（足）」は、①収縮した感情、②無力感、③依存性、④活動性の欠如を示し、⑤心身症者にみられたりする。

多くの被検者は靴をはいた人物画を描くが、子供が描くような「棒状の脚（足）」（図2－10参照）を描くのは、①不安全感、②自信の欠如、③未成熟性を示している。そして「先が尖った脚（足）」は、①不安定感、②敵意や攻撃性を表すことがある。また「爪先で立った脚（足）」は、①現実に不満を感じて逃避しようとする欲求、②現実を確実に把握して現実に根づきたい欲求、③飛躍したいという欲求を表している。さらに図4－1や図4－21のように「爪先が反対の方向を向いた足」が、自律や独立についての葛藤や両価的態度を、「長さや大きさの異なる脚

図4－25

(足)」が、①不安定感、②空想への逃避、③自律や独立への両価的態度を表すという研究者もいる。

そして「組み合わせた両足」や「密着した両足」（図4－1、図4－18参照）は、①心理的緊張、②性的に攻撃されることへの防衛、③性的葛藤、④抑圧の機制を表しやすい。

スカートをはいた女性像で、図4－25のように「スカートの両端から出た脚（足）」は、子供の描く人物画によく生じるが、青年期以後の被検者では性的葛藤を表すことがあり、女性は去勢された存在であり、両足の間には何もないと無意識のうちに思っていることがある。現実の生活において男性の脚（足）に比べて女性の脚（足）は目立ちやすいので、女性像の脚（足）をどのように描くかは、女性に対する態度を表しやすい。例えば女性像の脚（足）をていねいに推敲して描く男性の被検者は、①性への関心が強かったり、②無意識のうちに自分を女性に同一化していたり、女性の被検者では、強迫的に女性性を表そうとしていることがある。また心理的に未成熟な男性の被検者が、女性像と男性像の脚（足）を区別して描かなかったり、筋肉質の男性的な脚（足）を描いたりすることも見受けられる。

なお衣服を着けながら、靴をはいていない「はだしの足」を描くのは、①攻撃性、②性的関心を表すことが多い。

23　膝 と 関 節

図2－1のように膝の部分や関節を暗示することは時々みられるが、図4－12や図4－24のように脚の膝の部分を描いたり、膝関節や他の関節を描く被検者は少ない。「膝」や「関節」を強調して描くのは、身体の細かい部分にも関心を払い、自分の心身の崩壊する感じを阻止しようとする人であり、①自分の身体の統合に関する不確実感、②心気症の傾向、③自信欠如、④依存性、⑤強迫傾向を表すことが多い。しかし時に、⑥攻撃性や支配性を表すことがある。また図4－24のような「指の関節」は、①敵意を

統制しようとする努力、②知性化の強さを示すという研究者もいる。「膝」や「関節」を強調して描く被検者は、①妄想傾向のある人、②自己愛傾向の人、③同性愛者、④統合失調症者、⑤分裂気質の人に多いといわれている。

24 足 の 指

衣服を着けた人物を描く被検者は、靴をはいている人物を描くことが多く、はだしの足を描いても足の指を描くことはめったにない。また裸体像を描く被検者でも、わざわざ足の指をていねいに描くことは少ない。足の指を描くのは社会規範からの逸脱を示すことが多く、①攻撃性が強く行動化する人、②妄想傾向のある人、③統合失調症者に生じやすい。こうした被検者は足の指の爪や関節までも推敲して描くことが多い。

25 胴　　体

胴体は身体衝動（エネルギー）の源であり、子供が人物画を描き始めるころは、胴体のある人物を描かないで、顔から手や脚（足）の出た人物を描くのが普通である（図2－8参照）。胴体のない人物画を成人が描くことは、知的障害者や重い精神障害者以外にはまれである。

したがって図4－26のような「胴体の省略」された人物画は、①知的障害者、②器質障害者、③統合失調症者であることが多い。これは著しい精神の退行を表し、①自分の身体イメージの欠如、②身体衝動（エネルギー）の否認を表している。

また著しく「小さい胴体」は、①身体衝動（エネルギー）の欠乏感、②劣等感、③身体の虚弱感などを表す。これに対し著しく「大きい胴体」を描くのは、①身体衝動（エネルギー）や欲求の不満感、②身体的支配を求める欲求、③性的葛藤を表す。また「細く長い胴体」は、分裂気質の人が描き

やすいといわれている。なお青年期の
女性で「細い胴体」の人物を描く者は
かなり多く、自分の心身の弱さを直接
的に現実像として表したり、望んでい
ない肥満を補償する理想像を表したり
する。

　胴体を三角形、矩形、円、だ円形に
描くのは、就学前の子供によくみられ
るが、成人の被検者が幾何学的な形の
胴体を描く時は、退行した精神状態を
示し、知的障害、統合失調症、躁病な
どが疑われる。また胴体を通して内臓
が見える人物画は、既述のように統合

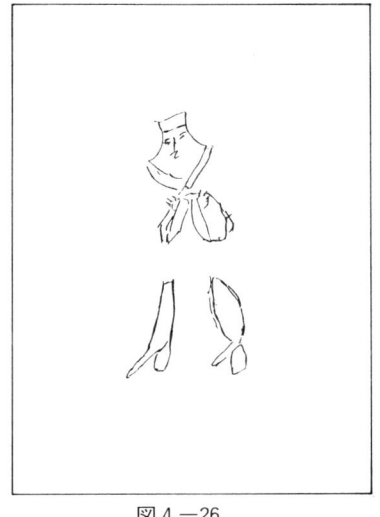

図4—26

失調症を疑える有力なサインである。一般にまるみのある胴体は、①受動
性、②女性性を表し、角張った胴体は、①自己主張、②男性性を示すことが多
い。「濃く描いた異性像の胴体」は、異性に対する敵意を表すことがある。

26　肩

　肩は身体的な強さと、精神的な力と権力を表し、自己顕示の欲求を象徴
している。まるみがあって適当な大きさの肩を描く被検者は、円滑で可塑
性のある人間関係を持ち、身体的強さや精神的強さを適切に有している被
検者である。

　衣服の肩のパットを大きく描いたり、アメリカン・フットボールの選手
を描いたり、身体の他の部分に比べて肩を強調するなど、「大きい肩」（図
2—5、図4—30参照）や「角張った肩」は、①身体的あるいは精神的な力を
有しているという自信、②権力への欲求を表し、③敵意や攻撃性、④自己
顕示欲求、⑤防衛的態度、⑥補償の機制を表しやすい。また女性の被検者

が肩を強調して描く時は、男性的抗議（女性が力を求め、男性よりも優位に立とうと望むこと）を表すことが多い。なお女性像の肩を男性像の肩のように大きく強調して描く被検者は、性的役割があいまいであったり、自己の性的役割に不満を抱いていたりする。

首が胴体になっていくような「肩の省略」は、①統合失調症者や、②器質障害者である可能性が強いという報告もある。また「小さい肩」や「肩をおとした人物」は、①身体的エネルギーの欠如、②劣等感を表すことが多い。さらに左右が不釣り合いで「不均衡な肩」は、①情緒不安定、②性的役割の葛藤を示したりする。

27　乳　　房

乳房は男性と女性を区別し、子供を養育する器官であり、女性性、とくに母性性を象徴している。したがって乳房は、被検者の性的関心や依存性を表しやすい。筆者らの今回の調査資料によると、表4－4と表4－5のように、男性の被検者の8.5％と女性の被検者の8.0％の者は、図2－10、図4－6、図4－15のように、乳房を明示（多くのラインや濃淡を用いたり、丸い輪郭や半円や突出を描き、乳房のふくらみを明白に描いている）した女性像を描いている。また男性の被検者の18.0％と女性の被検者の12.5％の者は、図3－16のように、乳房を暗示（乳房の明示の場合ほど乳房を描くラインや濃淡は多くないが、乳房の存在を意識して描いている）した人物画を描いている。

乳房を暗示して描く被検者は、性への適度の関心や、暖かい対人関係、適度の依存性を表している。これに対し、裸体の女性像を描いて乳房を描いたりするなどの形で、乳房を明示して描く被検者は、性的関心の強さや過度の依存性を表すことが多い。なお児童が女性像に乳房を描くのは、依存欲求を表すことが多いが、性への好奇心や早熟性を表すこともみられる。筆者らの調査によると、表4－5のように女性の被検者では、19歳以上の年齢の被検者と比べて、18歳の被検者に乳房を明示して描く者が多いのは、

第4章　内　容　分　析

表4－4　乳房の描き方（男）

被検者	描き方	18歳〜20歳（103人）	21歳以上（97人）	計(200人)
男 （200人）	明示	9.7%	7.2%	8.5%
	暗示	12.6%	23.7%	18.0%
	計	22.3%	30.9%	26.5%

表4－5　乳房の描き方（女）

被検者	描き方	18歳 (100人)	19歳 (100人)	20歳 (130人)	21歳以上 (109人)	計 (439人)
女 (439人)	明示	13.0%	9.0%	6.9%	3.7%	8.0%
	暗示	15.0%	14.0%	13.1%	8.3%	12.5%
	計	28.0%	23.0%	20.0%	12.0%	20.5%

この年齢の女性が身体的成熟に関心を抱き、性的役割を確立していく過程にあることを表しているのかもしれない。したがって、この年齢の女性が女性像に乳房の暗示もしなかったり、ウェストラインのくびれを無視する場合、成人になりたくないとか、女性でありたくないという気持ちを表すことがあるので、他のサインと比較して検討することも必要である。

　また「大きい乳房」や「濃く描いた乳房」は、過保護で支配的な母親によって育てられた被検者が描くことが多く、男性の被検者の場合、①性的関心以外に、②未成熟性、③愛情や是認を求める口唇的依存性を示すことが多く、女性の被検者の場合、①性的成熟への関心以外に、②支配的な母親への同一化、③自己愛傾向、④露出傾向を表しやすい。他方、女性の被検者が「小さい乳房」を描く時、①女性であることの拒否を、男性の被検者の場合は、①母親によって拒否された経験、②女性への敵意を表しやすい。

　なお描かれた女性像の乳房が下の方に垂れている場合、描かれた女性像が母親像を表し、乳房が上の方に描かれている場合、その女性像は若い女性像を表すという研究者もいる。

28　腰

　腰は胴体の上部（力や養育の部分）と下部（性的機能）を連結する部分である。したがって、被検者が腰の部分（ウェストライン）をどのように描くかは、性衝動の統制力と関連してくる。

　ウェストラインを著しく細く描いたり、ベルトを推敲して描いたりした、「強調した腰」は性衝動を統制しようとすることを表し、「濃く描いた腰」は罪責感や統制力の欠如を恐れ、性の問題について緊張や不安が強い場合が多い。被検者の中には、この緊張を間接的に合理化して、「ベルトでしめた腰」を描き、腰の細さを強調したり、ベルトを濃く描いたり、図4－15のように推敲して描く者がいる。これは、①強い性的関心の偽装、②性衝動の出現の恐れ、③自己愛傾向、④虚栄心などを示しやすい。

　反対に腰の部分を無視し、ウェストラインを薄く弱い筆圧や破線で描く被検者も、①性衝動の統制の失敗を恐れていたり、②性衝動の処理に困惑していたりする。なお人物の上半身だけを描き、下半身を描かない「上半身の人物」は、「足の省略」と同じ意味を有している。

29　尻

　人物画の尻の部分も、腰と同じように性的な意味を持つことが多く、肛門期への固着と関連する可能性がある。とくに男性像で、大きかったり、濃く描いたりする「強調した尻」は、男性の被検者の場合、①未成熟性、②同性愛傾向を表し、女性の被検者の場合、①男性的抗議、②男性への侮蔑感を表したりする。また女性像の「強調した尻」は、男性の被検者の場合、①性的関心、②同性愛傾向を示し、女性の被検者の場合、①性的関心、②自己愛傾向を表しやすい。

30 衣　　　服

　人物画テストに対し、ほとんどの被検者は衣服を着けた人物を描くが、描かれた人物がどのような衣服を着けているかは、被検者自身の現実の社会的役割を知る手がかりとなるし、被検者のパーソナリティや理想像として関心のある対象を知ることができる。被検者の中には人物画テストの教示に対して、「裸の人を描くのですか、服を着ている人を描くのですか」という質問をする者がいる。このような質問をする被検者は、①「男と女のどちらを描くのですか」という質問と同じように、性への関心や葛藤を有していたり、②世間体を意識しすぎていたり、③なんらかの意味で身体についての関心が強いと考えられる。

　さらに実際に「裸体の人物」を描くのは、①美術専攻の学生や、②精神分析などの心理療法を受けている患者に生じる場合を別として、③窃視症傾向などの性的関心や性的葛藤の存在を示したり、④自分や他者の身体への関心が強かったり、⑤自己愛が強かったり、⑥世間体といった社会的規範を無視したりすることを表している。芸術家の場合でもめったにみられないが、「生殖器を描いた裸体の人物」は、統合失調症者や犯罪者や非行少年に生じやすく、①社会規範からの著しい逸脱、②性的関心の強さ、③外界への反抗心や挑戦的態度を表している。

　また衣服を通して身体が見えるように描くのは、注意力の欠如を表すが、その程度が著しい場合は、現実吟味力（批判力）の欠如を示している。

　通常の被検者は、裸体を描くこともなく、衣服を描くにしても、詳細すぎる描き方はしない。人物画で詳細に衣服の様相を描くのを、社会的自己愛ないし衣服的自己愛と呼び、衣服よりも身体の様相を詳細に描くのを、身体的自己愛と呼び、どちらも極端な描き方であって、幼稚で自己愛傾向の強い人や、性的不適応を生じやすい人にみられるという研究者もいる。社会的自己愛（衣服的自己愛）の被検者は、自分の本質的なものよりも装飾

的なものを重視し、外向的・社交的な性格のことが多く、自分の表面的な姿によって、社会的に認められたり、他者を支配しようとする。他方、身体的自己愛の被検者は、衣服の様相を無視しがちで、時に裸体や半裸体の人物画を描いたりする。この型の被検者は本当の意味での社交性がなく、内向性であることが多く、自己愛が強く、空想にふけりがちで、時に露出傾向や窃視傾向を有していたりする。社会的自己愛の男性の被検者は、描いた人物の身づくろいに注意して、流行の衣服を描いたり、衣服の仕立てや肩のパットを目立たせたり、上ポケットからのぞいたハンカチを描いたりする。これに対し身体的自己愛の被検者は、衣服の部分が少なくて筋肉や身体部分を詳細に描いたりする。

31 ボ タ ン

幼い子供は指の細かい運動ができないために、衣服を着る時にボタンをかけたりはずしたりするのが困難であるし、またボタンはへそや乳首を象徴すると考えられ、ボタンは母親への依存性を表すと考えられている。「濃く描いたボタン」や図4—27のような「数の多いボタン」や、「装飾されたボタン」「形の変わったボタン」「大きいボタン」は、①依存性、②未成熟性、③無力感、④不適切感を表すことが多い。一般にボタンの強調された人物画は、女性よりも男性の被検者に、成人よりも児童に、とくに少年に多く生じるといわれている。したがって青年や成人が人物画でボタンを強調して描くのは、口唇期への固着や退行を示し、児童がボタンを強調するのは、母親への依存傾向の強さを表すと考えられている。

なお士官候補生やボーイの制服のように、「数の多いボタン」は権威への服従的態度を表し、依存の一つの型であるという研究者もいる。したがって男性像のボタンを強調する被検者は、依存欲求が強く、父親像などの権威像に服従し、受容されたいと望んでいることが多い。

さらに身体の「中心線を強調するボタン」は、①身体への関心、②自己

愛傾向、③服従性、④権威への依存などを表しやすい。またそで口にある「カフスボタン」など、目立たない部分に描かれたボタンも、①依存欲求の強さや、②形式を重んじる強迫傾向を示すこともある。このような強迫性のある被検者は、靴ひもや衣服のしわまでていねいに描き、他者の存在を気にする衣服的自己愛の人であったりする。

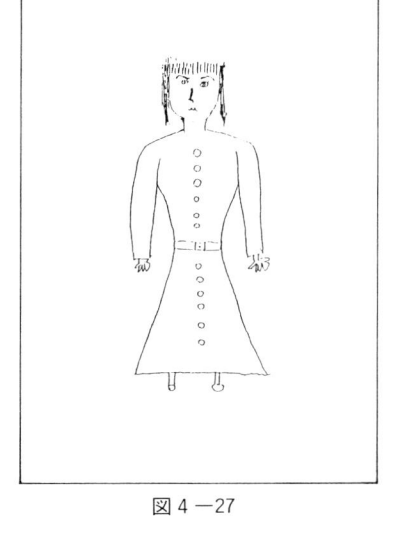

32 ポケット

図4－27

人物画のポケットを強調して描くのは、ボタンと同じように、①幼児性、②依存性を表している。筆者らの調査では、女性像よりも男性像の方にポケットを描く被検者が多いが、これは男性と女性との衣服の差異によると考えられ、女性像にポケットを描くのは、ポケットの強調の表れとみてよい。また人物画に多くのポケットを描くことは、罪責感、特に自慰に関する罪責感を表すという研究者もいる。さらに青年期の男性の被検者が装飾された大きいポケットを描くのは、母親に依存したい欲求と男性として自立したい欲求との葛藤を示したり、自分が成長しつつあることや、自我を拡張しようとしていることを表したりする。

33 ネクタイ

ネクタイは男根を象徴することが多く、性衝動が強かったり、性衝動の統制に関心を持つ被検者であったりする。例えば、ネクタイを濃く描いたり、形にこだわる被検者が、性的に無力感を持つこともある。男性からの

性的攻撃を恐れていた非定型精神病の女性が描いた図4−28の男性像のネクタイは男根を描いたように見え、ネクタイが男根を象徴している一つの例である。

　研究者によっては、女性的印象を与える男性像にネクタイを注意深く描く男性が同性愛傾向を有しているとか、小さくて弱々しく目立たないネクタイが自分の性的能力に劣等感を抱いているとか、長く目立つネクタイが性的能力に無力感を持って性的に攻撃的に行動する傾向があると述べている。とくに中年以後の男性が、このようなネクタイを描くのは、人物画の長い鼻と同じように、性的無力感を示唆することもある。

　また蝶ネクタイは、①公式ぶらないこと、②若さ、③性的にだらしのないことを象徴するという研究者もいる。

図4−28

34　帽　　子

　わが国の被検者が人物画に帽子を描くことは比較的少ない。帽子は男性性を象徴することが多い。したがって男性の被検者の描く帽子は、性的無力感を補償していたり、性衝動を抑圧して隠そうとしていたりする可能性がある。しかし深くかぶった帽子は、通常、外

図4−29

界への猜疑心や警戒心を表すようである。このような帽子の代わりに頭巾やマスクで顔を隠す場合も同じような意味を有している。また制帽は、被検者が同一化している集団の象徴として描かれ、時に自主性の欠如を表したりする。

図4-29は「後ろ向き」のパースペクティブで、さらに帽子で顔の後ろを隠した絵であり、描いた人のパーソナリティを推察できるであろう。

35 靴

シンデレラ物語にみられるように、靴は女性性を象徴することが多い。靴の形や靴ひもや装飾などを詳細に描くのは、男性の被検者では、①女性への性的関心、②無意識にある女性への同一化を表し、女性の被検者では、①女性性への関心、②自己愛、③虚栄心を表したりもする。なお靴の形で「先の尖った靴」が攻撃性を表すことがあり、靴を描かないのは既述のように、①攻撃性、②性的関心の強さを示しやすい。男性の被検者が「ハイヒール」や「長靴」をはいた人物画を描くのは、同性愛傾向のある人だという報告もある。

36 ズボンとパンタロン

既述のようにズボンとスカートは男性と女性の性別を示す指標として最も多く用いられるものであり、ズボンは男性性を表す。ズボンの「ベルト」は腰と同じように、上半身と下半身を分ける部分であり、性衝動の統制の仕方を表すので、既述のようにベルトを濃く描いたり詳細に描く時は、性衝動の意識的あるいは無意識的な強い統制を表している。また「バックル」は依存性を表すこともある。さらに図4-30のようにズボンの股上の「前立て」の部分を詳細に描くのは、性的関心や性衝動を適切に処理できない傾向を示すことが多い。女性の被検者が、図4-30のように、男性像

のこの部分に斜線を引くのも、性への関心とその抑制との葛藤を表すようである。

なお女性像にパンタロンやジーンズを描くのは、現代の世相の反映ともいえるが、一般に男女の性差への無関心さを示し、女性の被検者では、①男性への同一化、②男性的抗議を表したりする。

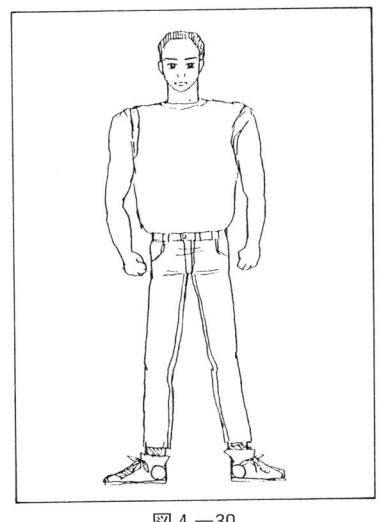

図4—30

37 所持品とアクセサリー

描かれた男性像が、パイプや煙草やようじをくわえていたり、銃やピストルやナイフなどを持っていることは、性的な象徴として男性性を表すことが多い。また既述のようにパイプ・煙草・ようじなどをくわえているのは、①幼児的な依存性、②口唇的性愛、③自己顕示などを示し、銃・ピストル・ナイフが攻撃性を表すことも多い。

女性像に「ネックレス」や「イアリング」を描くのは、①性的関心が強かったり、②露出傾向を表したりする。

描かれた人物の所持品は、被検者の関心を表すことが多いので、描かれた所持品について描画後の質問を忘れてはならない。

参　考　文　献

　人物画テストに関する文献はきわめて多く、本書では参考にした文献の中で主要な書物をあげることにする。

Buck, J. (1966) The House-Tree-Person Test : Revised Manual. Calif. : Western Psychological Services.

Buck, J., & Hammer, E. (Eds.) (1969) Advances in the House-Tree-Person Technique : Variations and Applications. Calif.: Western Psychological Services.

Burns, R., & Kaufman, H. (1972) Actions, Styles and Symbols in Kinetic Family Drawings. N.Y. : Brunner／Mazel. 〔加藤孝正ほか訳(1975)子どもの家族画診断. 黎明書房〕

Dennis, W. (1966) Group Values through Children's Drawings. N.Y. : Wiley and Sons.

Di Leo, J. (1970) Young Children and Their Drawings. N.Y. : Brunner／Mazel.

Di Leo, J. (1973) Children's Drawings as Diagnostic Aids. N.Y. : Brunner／Mazel.

Gilbert, J. (1969) Clinical Psychological Tests in Psychiatric and Medical Practice. Ill. : Charles C Thomas.

Goodenough, F. (1926) Measurement of Intelligence by Drawings. N.Y. : Harcourt, Brace & World.

Hammer, E. (1958) The Clinical Application of Projective Drawings. Ill.: Charles C Thomas.

Harris, D. (1963) Children's Drawings as Measures of Intellectual Maturity. N.Y. : Harcourt, Brace & World.

Jolles, I.(1971) A Catalogue for the Qualitative Interpretation of the H-T-P. (Revised) Calif.: Western Psychological Services.

Kellogg, R. (1969) Analysing Children's Art. Palo Alto : Mayfield.〔深田尚彦訳(1971) 児童画の発達過程. 黎明書房〕

小林重雄編 (1989) グッドイナフ人物画知能検査の臨床的利用. 三京房.

Koppitz, E. (1968) Psychological Evaluation of Children's Figure Drawings. N.Y. : Grune & Stratton.〔古賀行義監訳 (1971) 子どもの人物画. 建帛社〕

Levy, S. (1950) Figure Drawing as a Projective Test. In Abt, L., & Bellak, L. (Eds.) Projective Psychology. N.Y. : Knopf.

Machover, K. (1949) Personality Projection in the Drawing of the Human Figure. Ill.: Charles C Thomas.〔深田尚彦訳 (1974) 人物画への性格投影. 黎明書房〕

McElhaney, M. (1969) Clinical Psychological Assessment of the Human Figure Drawings. Ill.: Charles C Thomas.

Ogdon, D. (1975) Psychodiagnostics and Personality Assessment.: A Handbook. (2nd Ed.) Cali. : Western Psychological Services.

Oster, G., & Gould, P. (1987) Using Drawings in Assessment and Therapy. N.Y. : Brunner／Mazel.

大友茂 (1968) 人物画による性格診断法. 黎明書房.

Rabin, A. (1981) Assessment with Projective Techniques. N.Y. : Springer.

Schildkrout, M. et. al. (1972) Human Figure Drawings in Adolescence. N.Y. : Brunner／Mazel.

高橋雅春 (1967) 描画テスト診断法. 文教書院.

高橋雅春 (1974) 描画テスト入門――HTPテスト――. 文教書院.

高橋雅春・高橋依子 (1986) 樹木画テスト. 文教書院.

Urban, W. (1963) The Draw-A-Person : Catalogue for Interpretative Analysis. Calif.: Western Psychological Services.

Wenck, S. (1977) House-Tree-Person Drawings : An Illustrated Diagnostic Handbook. Calif.: Western Psychologial Services.

図記載ページ

図1－1 ……………10	図3－8 ……………44	図4－11……………66
図1－2 ……………10	図3－9 ……………44	図4－12……………66
図1－3 ……………11	図3－10……………44	図4－13……………67
図2－1 ……………19	図3－11……………45	図4－14……………68
図2－2 ……………20	図3－12……………45	図4－15……………70
図2－3 ……………21	図3－13……………46	図4－16……………70
図2－4 ……………21	図3－14……………46	図4－17……………72
図2－5 ……………22	図3－15……………46	図4－18……………73
図2－6 ……………29	図3－16……………48	図4－19……………74
図2－7 ……………30	図3－17……………48	図4－20……………75
図2－8 ……………31	図3－18……………50	図4－21……………76
図2－9 ……………31	図4－1 ……………52	図4－22……………76
図2－10……………32	図4－2 ……………59	図4－23……………79
図2－11……………32	図4－3 ……………59	図4－24……………82
図3－1 ……………35	図4－4 ……………60	図4－25……………84
図3－2 ……………36	図4－5 ……………61	図4－26……………87
図3－3 ……………40	図4－6 ……………62	図4－27……………93
図3－4 ……………40	図4－7 ……………63	図4－28……………94
図3－5 ……………42	図4－8 ……………63	図4－29……………94
図3－6 ……………42	図4－9 ……………64	図4－30……………96
図3－7 ……………43	図4－10……………65	

事項索引

[ア 行]

- アート……………23
- あご………………77
- 脚（足）……………83
- 脚（足）の省略………84
- 足の指……………86
- 頭………………64，65
- イアリング…………96
- 位置………………36
- 衣服的自己愛……91，93
- 後ろ向き……43，67，95
- 腕…………………79
- 腕の省略……………79
- 運動………………45
- HTPPテスト………8
- 円で描いた目………69
- 大きい頭……………66
- 大きい肩……………87
- 大きい口……………73
- 大きいサイズ……33，54
- 大きい手……………81
- 大きい胴体…………86
- 大きい乳房…………89
- 大きい鼻……………71
- 大きいポケット………93
- 大きい耳……………74
- 大きい目………70，71
- 大きい指……………82

[カ 行]

- 顔………64，65，67
- 顔の形………………69
- 顔の傷………………69
- かぎ鼻………………72
- 隠された目…………70
- 隠した腕……………80
- 隠した手……………81
- 影……………………39
- 数の多いボタン………92
- カフスボタン…………93
- 関節……………85，86
- 強調されたあご………77
- 強調した尻……………90
- 空間象徴………………28
- 空間図式………………29
- 空白の顔…………49，68
- 空白のままの頭髪……75
- 口………………………72
- 口の省略………………72
- 靴………………………95
- 首………………………77
- 雲………………………50
- グラフィック・コミュニケーション……31
- 組んだ腕………………80
- 形式分析…………27，33
- 現実像…………………21
- 口唇的依存性…………89

- 口唇的性愛……………73
- 濃く描いた腕…………78
- 濃く描いた手…………81
- 腰………………………90
- 腰に当てた手…………81
- 固執……………………48
- 個性記述的……………23
- 小鼻……………………72

[サ 行]

- サイエンス……………23
- 最初に描く人物………52
- サイズ……………33，53
- 刺すような目…………71
- 三角形の鼻……………72
- ジーンズ………………96
- 自己概念…………53，64
- 自己像…18，19，20，21
- 舌………………………74
- 下から見上げた人物画…45
- 地面の線………………49
- 社会的自己愛…………91
- 銃………………………96
- 修正……………………41
- 集団法…………………14
- 重要な人物……………22
- 主題……………………63
- 消極的運動……………47
- 消極的強調……………28

詳細さ……………47	小さいサイズ……33, 34	長靴………………95
上半身の人物画………83	小さい手…………81	長く細い首…………77
正面向き…………43, 67	小さい胴体…………86	なかくぼみの唇………74
省略………………48	小さい乳房…………89	握りしめた指…………83
尻…………………90	小さい耳…………75	乳房を暗示…………88
しわ………………68	小さい目…………70	乳房を明示…………88
身体的自己愛…………92	抽象的…………11, 53	ネクタイ……………93
身体的側面……………21	中心線を強調する	ネックレス…………96
心理的側面……………21	ボタン……………92	濃淡………………39
推敲された唇…………73	鳥瞰図的な人物画……45	のどぼとけ…………78
頭巾………………95	蝶ネクタイ…………94	
図式的………………50, 53	重複決定性……………17	〔ハ　行〕
図示的コミュニケー	直線の鼻…………72	
ション……………31	月…………………50	歯…………………74
ズボン………………95	翼のような腕……79, 82	パースペクティブ……43
性差………………55, 58	爪…………………82	ハイヒール…………95
静止した運動…………47	強い筆圧……………35	パイプ………………96
制帽………………95	手…………………80	破線………………35, 36
積極的な運動…………47	手の省略……………81	はだし………………85
積極的強調……………27	手袋………………81	バックル……………95
切断………………39	投影法………………18	鼻…………………71
全体的評価……………24	頭身………………29, 65	幅広い鼻……………72
	胴体………………86	パンタロン…………96
〔タ　行〕	胴体に密着した腕……80	ＰＤＩ………12, 13, 15
	胴体の省略…………86	ひげ……………75, 76
対称性………………41	頭髪………………75	鼻孔………………72
太陽………………50	透明性………………42	膝…………………85
他者像………………19	整ったまゆ毛…………71	ピストル……………96
煙草………………96		筆圧………………34
男性的抗議……………88	〔ナ　行〕	必要なラインの欠如
単線だけの指…………82		………………49
単線の腕……………79	ナイフ………………96	描画後の質問……12, 15
単線の口……………73	内容分析……………27	描画像の図式…………20
小さい頭……………66	長い脚（足）…………84	描画の発達……………29
小さい肩……………88	長い腕………………79	表情………………68
小さい口……………72	長い鼻………………72	風雨………………50

101

不均衡な肩…………88
普通のサイズ………33
ふるえ………………36
ヘアスタイル………75
ベルト………………95
ベルトでしめた腰……90
帽子…………………94
棒状……………11, 50
棒状の脚（足）………84
法則定立的…………23
ポケット……………93
細い胴体……………87
細く長い胴体………86
ボタン………………92

抹消…………………41
まゆ毛………………71
まゆ毛の省略………71
漫画……………11, 53
短い腕………………80
密着した両足………85
耳の欠如……………75
胸毛…………………77
目……………………69
目隠し分析…………16
目立たないあご……77
目のない顔…………69
文字…………………50
物をくわえた口……74

指……………………82
指の関節……………83
ようじ………………96
横向き…43, 67, 69, 77
より目………………71
弱い筆圧……………35

［ラ　行］

ライン………………35
裸体の人物…………91
理想像………………21
輪郭だけの目………69
ロボット……………21

［マ　行］

前立て………………95
マスク………………95

［ヤ　行］

歪んだ顔……………67

［ワ　行］

歪曲…………………50

［著者紹介］

高橋雅春（たかはし　まさはる）
大阪市に生まれる
京都大学文学部哲学科心理学専攻卒業
主　著　描画テスト診断法　文教書院　1967年
　　　　非行少年の類型　文教書院　1970年
　　　　描画テスト入門―HTPテスト　文教書院　1974年
　　　　ロールシャッハ・テスト解釈法（共著）　金剛出版　2007年　他

高橋依子（たかはし　よりこ）
京都市に生まれる
京都大学大学院文学研究科博士課程心理学専攻修了
現　在　大阪樟蔭女子大学名誉教授（文学博士，臨床心理士，公認心理師）
　　　　日本描画テスト・描画療法学会会長
主　著　ロールシャッハ診断法Ⅰ・Ⅱ（共著）　サイエンス社　1981年
　　　　幼児の心理療法（共著）　新曜社　1982年
　　　　臨床心理学序説（共著）　ナカニシヤ出版　1993年
　　　　樹木画によるパーソナリティの理解（訳）　ナカニシヤ出版　1999年
　　　　ロールシャッハ・テストによるパーソナリティの理解　金剛出版　2009年
　　　　スクールカウンセリングに活かす描画法（監修）　金子書房　2009年
　　　　描画テスト　北大路書房　2011年
　　　　描画療法入門（共編著）　誠信書房　2018年　他

人物画テスト

2010年3月20日　初版第1刷発行
2021年5月20日　初版第5刷発行

定価はカバーに表示してあります。

著　者　　高　橋　雅　春
　　　　　高　橋　依　子

発行所　　㈱北大路書房
〒603-8303　京都市北区紫野十二坊町12-8
電　話　（075）431-0361(代)
ＦＡＸ　（075）431-9393
振　替　01050-4-2083

ⓒ2010　印刷・製本／亜細亜印刷㈱
検印省略　落丁・乱丁本はお取り替えいたします。
ISBN978-4-7628-2705-1　Printed in Japan

・ JCOPY 〈㈳出版者著作権管理機構 委託出版物〉
本書の無断複写は著作権法上での例外を除き禁じられています。
複写される場合は，そのつど事前に，㈳出版者著作権管理機構
（電話 03-5244-5088，FAX 03-5244-5089，e-mail: info@jcopy.or.jp）
の許諾を得てください。